한 권으로 만나는 원효전서

한 권으로 만나는 원효전서

● 강승환 편역

운주사

들어가는 말

불교佛教의 불佛 자도 모르는 사람이 어쩌다 늦게 원효元曉를 알게 되었고, 그로부터 30년 동안 초벌이나마 원효전서(남아 있는 것)를 번역하게 되었다.

그런데 원효의 글은 나 같은 사람이 번역하는 것이 아니다. 숙세에 불교와 인연이 있고 능력 있는 사람이 번역해야 본뜻을 드러낼 수 있기 때문이다.

불교에 대한 지식이 얕다 보니 번역을 해도 무슨 말인지 그 깊은 뜻까지는 헤아리지 못한다. 의식, 계율 등이 그렇다. 또 능력이 부족하다 보니 번역을 해도 무슨 뜻인지 어려운 경우가 많다. 『이장의』, 『십문화쟁론』, 『판비량론』 등이 그렇다.

'종요宗要'를 번역하려면 원문을 먼저 읽어봐야 한다. 예를 들어 『법화종요』를 번역하려면 『법화경』을 먼저 읽어봐야 하고, 『열반종요』를 번역하려면 『열반경』을 먼저 읽어봐야 한다. 그런데 능력이 부족하다 보니 그러지 못하고 겨우 주마간산 격에 만족해야 했다. 결국 '종요'만 뾰족이 번역했다. 따라서 말장난에 불과하다. 제목題目만 나열하는 수준이다.

이나마 번역하는 것도 힘들었다. 몸도 약하고 건강도 나빠 번역을 다 마치게 해달라고 부처님과 원효대사께 두 손을 모은 적이 한 두 번이 아니다.

원효대사 발치에 가본 것으로 만족한다. 피상적이나마 윤회의 과정과 그 내용을 알 수 있고, 천당과 지옥을 상상해 볼 수 있어 큰 복이다. 모르고 왔지만 알고 갈 수 있을 것 같다.

원효는 생존 당시 이미 국제적 철학가였다.『대승기신론』을 풀 이하여(기신소, 별기) 불교이론 체계화의 기틀을 다졌고, 대승경전 을 풀이하여 중국 화엄사상 발흥에 기여했다.

원효는 삼장법사三藏法師 현장玄奘의 글을 보완하기도 했고, 중 국 화엄고조華嚴高祖 법장法藏 글의 모태가 되기도 했다.

〈원효 당시의 고승들〉

자장慈藏(590~658, 68세) : 신라, 자장율사慈藏律師

현장玄奘(602~664, 62세) : 중국, 삼장법사三藏法師,

원효元曉(617~686, 진평39~신문6, 69세) : 신라, 황룡사黃龍寺 출가, 화쟁 국가和諍國師

의상義湘(625~702, 진평47~성덕1, 77세) : 신라, 19세 황복사皇福寺 출가, 원교국사圓教國師

혜능慧能(638-713, 75세) : 중국, 선종제6조禪宗第六祖

법장法藏(643-712, 69세) : 중국, 현수賢首, 향상香象, 화엄고조華嚴高祖

이런 대철학가를 지금 우리가 이해하지 못하는 것은, 글이 한문인데다 지금 사람들이 구도정신으로 노력하지 않기 때문이다.

이에 번역한 내용 중 이해하기 쉽고 좋은 문장이라 생각하는 것만 추려서 8자로 다듬은 것이 이 책이다. 원효전서 입문서 정도만 되어도 대성공이라 생각한다.

원효의 글만으로 인공人空, 곧 해탈에 대한 모든 견해가 다 끝난다고 생각된다. 불교의 웬만한 이론은 다 들어 있다.

남은 것은 법공法空, 곧 우주다. 그러나 이제까지 우리나라에서 우주에 대해 말씀하신 분은 의상대사義湘大師 한 분뿐이다. 법성게法性偈가 그것이다. 그 이후 아무도 말하지 않았다. 이는 구도정신으로 노력하지 않고 주어진 견해만 따랐기 때문이다. 이 법공을 우리나라 사람이 해결했으면 좋겠다. 다시 대철학자가 나왔으면 좋겠다.

그러기 위해서는 눈을 높이 들어야 한다. 현재의 이론을 뛰어넘어야 한다. 예를 들어 중국의 선사상禪思想도 알아야 하지만 화엄경 화장세계품華藏世界品도 알아야 한다. 선사상만 알면 인공은 알아도 법공은 모른다. 법공을 알아야 부처가 되는데 인공만 아니 아무리 깨쳐도 결국 아라한이다.

지금 우리나라는 경제, 문화 등 많은 부분에서 세상을 선도한다. 그러나 종교와 철학은 예외다. 종교 하면 인도나 중동을 이야기하고, 철학 하면 서양철학을 이야기한다.

우리 종교를 무시하고, 우리 철학을 우습게 본다. 자존심 상하지 않는가? 우리도 한 건 해서 세상에 내놓아야 하지 않겠는가?

철학은 가능하다. 곧 불교에 원효元曉와 의상義湘이 있고, 유교에 퇴계退溪와 율곡栗谷이 있기 때문이다. 이들의 철학은 웬만한 서양 철학을 넘어선다. 그러니 이들을 바탕으로 노력하면 더 높은 철학이 왜 안 되겠는가?

원효전서를 번역하고 나니 무언가 했다는 느낌이 든다. 힘들었지만 한 세상 헛되이 보내지는 않은 것 같다. 세상이 편안하고 고요하다. 아무 거리낌이 없다.

해동보살 원효

1. 앞글

원효[元曉, 진평왕 39년(617)~신문왕 6년(686)]는 숙세宿世에 많은 공덕을 쌓았다. 그의 어머니는 흐르는 별(유성)이 품으로 들어오는 꿈을 꾸고서 그를 잉태했고, 해산할 때는 오색구름이 땅을 덮었으며, 나면서부터 빼어나고 특이했다.

그러나 복 많은 시대, 복 많은 사회에 태어난 것은 아니다. 그가 태어난 시대는 삼국통일이라는 전란기였고, 골품제라는 신라의 독특한 계급사회였다. 일 년에 몇 번씩 크고 작은 전투가 일어났고, 그 자신 6두품 출신으로 추정되니 이미 신분상 한계를 지니고 있었다.

이와 같은 상황에서도 원효는 일어섰다. 자기의 포부와 현실을 조화시켰다. 신분이 비교적 자유로운 불교에 뛰어들었고, 거기서 대성했다. 이는 진리 탐구에 대한 그의 욕망과 현실의 조화이기도 했고, 무지몽매한 중생에게 불법佛法을 가르쳐야 하는 업보이기도 했다.

그는 피나는 노력을 기울였다. 그가 지은 『발심수행장』을 보면 알 수 있다. "절하는 무릎이 얼음과 같이 차도, 불 쬘 생각을 하지 않는다."는 구절이 그것이다. 예사 사람으로서는 생각하기 힘든 수행이다.

삼국통일이라는 전란기가 끝나고 시대가 안정되자 그는 수행과 저술에 전념했다. 100여 종 200여 권의 책을 썼다. 이는 당시 세계에 큰 영향을 주었고, 일부는 남아 있어 지금도 큰 영향을 주고 있다.

그의 학문은 크게 두 가지로 나눌 수 있다. 자신에 관한 것과 사회에 관한 것이다. 곧 개인적으로는 3계를 뛰어넘는 깨침을 구했고, 사회적으로는 화합을 부르짖었다. 앞의 것은 무애행無碍行, 곧 거리낌 없는 행동으로 나타났고, 뒤의 것은 화쟁사상和諍思想, 곧 대화합으로 나타났다.

이 둘은 철저한 학문과 수행에서 나온다. 모든 학문에 통달해야 화합이 가능하고, 최고의 수행을 이뤄야 거리낌 없는 행동이 가능하다. 화쟁和諍이 있어야 무애無碍가 되고, 무애가 있어야 화쟁이 된다. 그는 이 둘을 다 했다.

대부분의 위인이 그렇듯 원효도 처음에는 인정받지 못했다. 그의 사상과 행동을 당시 사람들이 알아주지 못했다. 당시 100명의 고승이 참여하는 백고좌회百高座會, 일명 인왕경대회仁王經大會가 있었는데 그는 한 번도 초청받지 못했다.

왕실불교, 귀족불교에 익숙한 사람들이 대중불교, 민중불교를 주창하며 기생이나 거지와도 어울리는 원효를 인정하기 힘들었고, 자기 학설 자기 학파에 익숙한 사람들이 참서 비기까지 섭렵해 모든 분파의 타파와 일체 화합을 주장하는 원효를 이해하기 힘들었던 것이다.

그러나 그의 사상을 알아본 이도 적지 않다. 당시 거지 성자로 불리던 대안 법사가 그렇고, 중국 사람들이 그러하며, 천태종을 창시한 대각국사 의천이 그러하다.

원효는 대안 법사의 추천으로『금강삼매경론』을 지은 후 세상에 등장했는데, 강연을 마친 후 이렇게 말했다.

지난날 서까래 백 개를 모을 때는
(나는) 비록 참여하지 못했지만,
오늘 아침 대들보 하나를 가로놓는 것은
오직 나 혼자만이 할 수 있습니다.
昔日採百椽時雖不預會
今朝橫一棟處唯我獨能

그간의 서운함을 표현한 전부다.
원효의 글을 본 중국 사람들은 보살이라 칭하며 이렇게 평했다.

뜻이란 성곽을 용감히 공격하며,
글이란 진지를 영웅처럼 휘저으니,
씩씩함 그대로이고 굳셈 그대로이다.
勇擊義圍雄橫文陣 仡仡然桓桓然

모든 경론을 다 논파하고 설파했다는 뜻이다. 원효를 바로 보고 바로 알아보았다.

고려시대 대각국사 의천은 경주를 둘러보고 분향한 후 이렇게 칭송했다.

오직 우리 해동보살만이 바탕과 모습을 밝게 아우르고,
옛것과 지금 것을 교묘히 모아서,
백 개 집안의 다르다고 다투는 실마리를 아울러,
당대의 지극히 공변된 이론을 이루었습니다.
唯我海東菩薩 融明性相隱括古今
和百家異諍之端 得一代至公之論

또 『금강삼매경』을 읽고 나서는 이렇게 말했다.

자꾸만 태어나는 외롭고 이슬 같은 삶,
어둡기가 밤과 같은데
오늘 다행히 만나보니,
작은 겨자씨가 가는 바늘을 만난 것 같습니다.
多生孤露冥如夜 此日遭逢芥遇針

지금은 대중불교, 민중불교가 당연하다. 누구든지 불교를 접할 수 있다. 또 일부나마 글이 남아 있어 우리 같은 사람도 진리의 문

턱에 가 볼 수 있다.

지금 그의 글은 중국, 일본 등 동북아시아는 물론이고 미국, 유럽에서도 연구되고 있다. 우리의 자랑이자 긍지이다.

가히 오색구름이 세상을 덮고 온누리에 법의 비(법우)를 뿌렸다 할 수 있다. 이 땅에 오신 원효보살께 깊은 경배를 올린다.(『이야기 원효사상』 일부 수정)

2. 저술

원효는 대략 100종류 200권을 지었는데, 이 중 일부나마 남아 있은 것은 23종류 26권 정도이다. 이를 분류하면 크게 세 종류가 된다.

첫째는 소疏와 기記다. 원효는 경론經論에 소疏나 기記를 지어 낱말 하나하나를 풀이했다. 이에 해당되는 것은 아홉 가지다.

『대승기신론』소疏와 별기別記는 원래 각각이나, 합쳐 소기회본疏記會本이라 한다. 여기서는 각각으로 보았다.

둘째는 요점을 정리한 종요宗要다. 종宗이란 전체 줄거리를 함축했다는 뜻이고, 요要는 요점을 자세히 풀이했다는 뜻이다. 대의大義가 종宗에 해당되고, 글 풀이(釋)가 요要에 해당된다. 이에 해당되는 것은 다섯 가지이다.

셋째는 자기 자신의 글이다. 곧 경론을 인용하여 자기의 견해를 폈다. 이에 해당되는 것은 아홉 가지이다. 『미타증성게』와 『징성가』는 각각으로 보았다.

넷째는 집일輯逸과 산일문散逸文이 있는데, 이는 포함하지 않았다.

【원효의 남아 있는 저술, 23가지】(기타는 포함하지 않음)

소기(9)-『금강삼매경론』,『대승기신론소』,『별기』,『범망경보살계본사기』,『아미타경소』,『보살영락본업경소』,『중변분별론소』,『해심밀경소서』,『화엄경소』

종요(5)-『대혜도경종요』,『무량수경종요』,『미륵상생경종요』,『법화경종요』,『열반경종요』

자기 글(9)-『대승육정참회』,『미타증성게』,『징성가』,『발심수행장』,『십문화쟁론』,『보살계본지범요기』,『유심안락도』,『이장의』,『판비량론』

기타(3)-『(집일)금광명경소』,『(집일)승만경소』,『산일문』

들어가는 말 • 5

해동보살 원효 • 9

1. 『금강삼매경론』   17

2. 『대승기신론소·별기』   37

3. 『대승육정참회』   81

4. 『대혜도경종요』   87

5. 『미륵상생경종요』   99

6. 『미타증성게』, 『징성가』   108

7. 『발심수행장』   111

8. 『범망경보살계본사기』   119

9. 『법화종요』   129

10. 『보살계본지범요기』   143

11. 『본업경소』   152

12. 『십문화쟁론』   169

13. 『아미타경소』   171

14. 『열반경종요』   181

15. 『유심안락도』·『무량수경종요』   200

16. 『이장의』   213

17. 『중변분별론소』   224

18. 『판비량론』   231

19.『해심밀경소서』   233

20.『화엄경소』   238

21.『(집일)금광명경소』   257

22.『(집일)승만경소』   268

23. 산일문   273

24. 원효 전기   275

1. 『금강삼매경론』

『금강삼매경金剛三昧經』은 중국 북량北涼 때 한문으로 번역되었으나 분실되었다. 그 후 730년 지승智昇 스님이 『개원석교록開元釋教錄』을 만들 때 잃어버린 것을 찾아서 편입하였다.

재미있는 것은 이 경이 우리나라에서 발견된 것이다. 『송고승전』 황룡사 원효전에 의하면 경이 발견된 경위가 신비롭게 쓰여 있다.

황후(혹은 공주)가 병이 들었는데 무당이 이는 불경佛經이 세상에 나올 징조라 한다. 이에 신하가 불경을 구하려고 바다를 건너던 중 서해 용왕 검해鈐海를 만나 흩어진 불경 조각을 얻는다. 이 순서를 당시 성인으로 추앙받던 대안 법사大安法師가 맞췄고, 대안 법사의 추천으로 원효대사元曉大師가 풀이했다.

원효는 처음 5권으로 풀이했으나 황룡사 인왕경대회를 앞두고 시기하는 자가 훔쳐갔다. 원효는 3일의 말미를 얻어 3권으로 다시 지었다. 당시에는 5권과 3권이 모두 신라에 유통되었으나 5권짜리는 곧 없어지고 3권짜리만 남아서 중국에 전해졌다. 지금 우리가 보는 것은 이 3권짜리다. 이 경을 강의한 후 원효가 한마디 한 것이 대들보 이야기다.

『금강삼매경』과 『대승기신론』은 떼어 놓을 수가 없다. 『대승기신론』이 불교 최고의 이론서라면, 『금강삼매경』은 불교 최고의 수행서이다. 이 두 경전을 모두 완벽하게 풀이한 이가 원효대사이다.

고려 대각국사 의천義天의 말을 들어본다. 그는 원효가 풀이한 『대승기신론소』, 곧 『해동소海東疏』에 의해서, 역시 원효가 풀이한 『금강삼매경론』을 강연한 뒤 경사스러워 노래하기도 했다.

처음 중국에서는 인도 마명보살馬鳴菩薩이 지은 『대승기신론』의 중요성을 인식하지 못했다. 그러다가 원효 풀이, 곧 『해동소海東疏』와 『원효별기元曉別記』가 나와서야 비로소 그 가치를 인정하고 연구하기 시작했다. 『대승기신론』의 가치를 인식하지 못했으니, 『금강삼매경』의 가치도 인식하지 못한 것은 당연하다.

원효는 처음 『금강삼매경』을 풀이한 후 소疏라고 했다. 대충 말하면 경經은 부처님의 말씀이고, 논論은 직속제자나 보살이 지은 글이며, 소疏는 조사나 대덕이 짓는다.

원효가 이름 붙인 소疏를 중국 승려들이 『대장경』을 편집하면서 논論으로 고쳤다. 곧 중국 사람들은 원효를 보살로 올렸다.

【대의】

(01) 무릇

한마음의 근원은 있다 없다를 떠나 홀로 깨끗하며,

삼공三空의 빈 바다는 참됨 속됨을 아울러 맑음 그대로다.

맑음 그대로라 둘을 아울렀으나 하나가 아니며,

홀로 깨끗하여 가를 떠났으나 가운데도 아니다.

夫

一心之源 離有無而獨淨

三空之海 融眞俗而湛然

湛然融二而不一

獨淨離邊而非中 (삼매론)

(02) 가운데가 아니나 가를 떠났기 때문에,

있지 않은 법이 곧 없다에 머무는 것도 아니고,

없지 않은 모습이 곧 있다에 머무는 것도 아니다.

하나가 아니나 둘을 아울렀기 때문에,

참됨 아닌 일이 비로소 속됨이 되는 것도 아니고,

속됨 아닌 진리가 비로소 참됨이 되는 것도 아니다.

非中而離邊故 不有之法不卽住無 不無之相不卽住有

不一而融二故 非眞之事未始爲俗 非俗之理未始爲眞 (삼매론)

(03) 둘을 아울렀으나 하나가 아니기 때문에,

참됨 속됨의 성질이 서지 않는 것이 없고,

물듦과 깨끗함의 모습이 갖춰지지 않는 것이 없다.

가를 떠났으나 가운데도 아니기 때문에,

있고 없는 법이 지어지지 않는 것이 없고,

옳고 그른 뜻이 두루하지 않는 것이 없다.

融二而不一故 眞俗之性無所不立 染淨之相莫不備焉

離邊而非中故 有無之法無所不作 是非之義莫不周焉 (삼매론)

(04) 이에

깸이 없으나 깨지 않은 것이 없고,

세움이 없으나 세우지 않은 것이 없다.

가히

이치가 없으나 이치가 지극하고,

그렇지 않으나 크게 그러하다 할 만하다.

이를 이 경의 큰 뜻이라 한다.

爾乃 無破而無不破 無立而無不立

可謂 無理之至理矣 不然之大然矣

是謂 斯經之大意也 (삼매론)

(05) 진실로,

그렇지 않으나 크게 그러하기 때문에

능히 설명하신 말씀이 묘하게 고리로 이어지며,

이치가 없으나 이치가 지극하기 때문에

풀이된 요점이 밖으로 뛰쳐나온다.

良由

不然之大然故 能說之語妙契環中

無理之至理故 所詮之宗超出方外 (삼매론)

(06) 깨지 않은 것이 없기 때문에 금강삼매라 이름하고,

세우지 않은 것이 없기 때문에 섭대승경이라 이름하며,

일체 뜻의 요점이 이 둘을 벗어나지 않기 때문에

또한 무량의종이라 이름한다.

이 중 하나의 제목을 들어서 그 머리에 놓았기 때문에

금강삼매경이라 한다.

無所不破故 名金剛三昧

無所不立故 名攝大乘經

一切義宗無出是二 是故亦名無量義宗

且舉一目以題其首 故言金剛三昧經也 (삼매론)

【일미관행一味觀行】

(07) 이 경의 으뜸과 요점(종요)은 펼침도 있고 합침도 있다.

합침을 말하면 한맛의 보기와 닦음이 요점이 되며,

펼침을 말하면 열 가지 법문이 으뜸이 된다.

보기와 닦음을 말하면,

보기는 가로로 이야기한 것이니 경지와 슬기에 통하고,

닦음은 세로로 바라본 것이니 원인과 결과에 미친다.

此經宗要有開有合

合而言之 一味觀行爲要 開而說之 十重法門爲宗

言觀行者

觀是橫論 通於境智 行是竪望 亘其因果 (삼매론)

(08) 결과는 오법이 원만(오법원만)함을 말하고,

원인은 6수행이 잘 갖춰짐(육행비족)을 말하며,

슬기는 곧 바탕과 처음의 두 깨침이고,

경지는 곧 참됨과 속됨의 둘을 버린 것이다.

둘을 버렸으나 없어지지 않았고,

둘을 깨쳤으나 생긴 것이 없다.

생김 없는 수행은 모습 없음을 그윽이 만나고,

모습 없는 법은 바탕 깨침의 이로움을 따라 이루어진다.

果謂五法圓滿 因謂六行備足

智卽本始兩覺 境卽眞俗雙泯

雙泯而不滅 兩覺而無生

無生之行冥會無相 無相之法順成本利 (삼매론)

(09) 이로움이 이미 바탕 깨침의 이로움이나,

얼음이 없기 때문에 진실한 대상(실제)을 움직이지 않는다.

대상이 이미 진실한 대상이나,

성질을 떠났기 때문에 참된 대상(진제) 또한 비었다.

모든 부처 여래가 감춘 이곳에,

모든 보살이 가운데로 따라 들어간다.

이를 여래장에 들어간다고 하고,

이를 금강삼매경 육품의 큰 뜻이라 한다.

利旣是本利而無得故 不動實際

際旣是實際而離性故 眞際亦空

諸佛如來於焉而藏 一切菩薩於中隨入

如是名爲入如來藏 是爲六品之大意也 (삼매론)

(10) 이 보는 문(관문)은 처음 신해(1-20)부터 등각(51)까지,

6수행(육행)을 세웠다. 6수행이 가득할 때는

제9식이 굴러 나타나 무구식을 드러내어 법계를 깨끗이 하고

나머지 8식은 굴러 4슬기(사지)를 이루며

오법이 이미 원만하면 삼신이 이에 갖춰진다.

於此觀門從初信解乃至等覺 立爲六行

六行滿時九識轉顯顯無垢識 爲淨法界

轉餘八識而成四智 五法旣圓三身斯備 (삼매론)

(11) 이런 원인과 결과(인과)는 경지와 슬기를 떠나지 않는다.

경지와 슬기(경지)는 둘이 없이 오직 한맛이다.

이런 한맛의 보기 닦음(일미관행)이 이 경의 으뜸 뜻이 된다.

때문에,

큰 수레 법의 모습에는 포함되지 않는 것이 없고,

한량없는 으뜸 뜻이 들어가지 않은 것이 없다.

그 이름을 헛되이 뭐라고 부를지 몰라

합쳐서 하나의 보기(일관一觀)라고 한 후 간단히 풀이한다.

如是因果不離境智 境智無二唯是一味

如是一味觀行 以爲此經宗也

所以

大乘法相無所不攝 無量義宗莫不入之

名不虛稱斯之謂歟 合論一觀略述如之 (삼매론)

(12) 열어서 말하면 10문이 그 으뜸 뜻이 되니

이른바 1문門부터 10문門까지 커진다. (…중략…)

열었으나 하나가 늘지도 않고,

합쳤으나 10이 줄지도 않는다.

늘지도 않고 줄지도 않는 것, 그것이 으뜸 뜻(종요)이다.

開說十門爲其宗者 謂從一門增至十門 (…중략…)

開不增一合不減十 不增不減爲其宗要 (삼매론)

【법】

(13) 현재 시간은 영원히 잠깐의 머묾도 없다.

미래는 있는 것이 아니어서 일어나는 뜻이 없고,

과거는 이미 없으므로 역시 일어나는 뜻이 없다

삼세가 모두 비어 그윽하기 때문이다.

現在之時 永無暫住 未來未有 故無起義

過去已無 亦無起義 三世皆是 以空寂故 (삼매론 정리)

(14) 그대는 어디서 좇아 온 것도 아니고

지금 어디에 이른 것도 아니다.

본디 없는 곳에서 와서, 본디 없는 곳에 이르렀다.

오지도 아니했고 가지도 아니해서, 오고 가는 것도 없다.

마음이 오히려 있지 않는데,

하물며 몸이 어디에 있겠는가?

汝不從來 今不至所 從無本來 至無本所 (삼매경 정리)

不來不去 無所來去 心尚不有 何況有身 (삼매경 정리)

(15) 법은 본디 있고 없고가 없다. 나와 남 또한 이러하다.

처음도 아니고 끝도 아니다. 이룸과 무너짐이 머물지 않는다.

만약 법이 있다고 하거든 12인연을 보게 하라.

법도 없고 생김도 없는 것은 마음에 형단이 없다.

法無有無 自他亦爾 不始不終 成敗不住 (삼매경)

若有法者 觀十二緣 無忍無生 心無形段 (삼매경)

(16) 있는 그대로의 모습은 본디 있지도 없지도 않다.

있고 없는 모습은 오직 마음 가리새를 본 것이다.

마음은 경계를 낳지 않고, 경계는 마음을 낳지 않는다.

보이는 모든 경계는 오직 보이는 마음뿐이다.

如如之相 本不有無 有無之相 見唯心識 (삼매경)

心不生境 境不生心 所見諸境 唯所見心 (삼매경)

(17) 생김 없음에 머무는 것, 이것은 생김 있는 것이다.

생김 없음에 머물지 않는 것, 이것이 생김 없는 것이다.

헛된 것도 본디 생기지 않았다. 헛된 것이 쉴 것도 없다.

마음에 마음 없음을 알면 마음에 그칠 것도 없다.

住於無生 卽是有生 無住無生 卽是無生 (삼매경)

妄本不生 無妄可息 知心無心 無心可止 (삼매경 정리)

(18) 인연으로 생기는 것,

이는 없어진다는 것이지, 생긴다는 것이 아니다.

모든 나고 죽음을 없애는 것,

이는 생긴다는 것이지, 없어진다는 것이 아니다.

일체 법의 모습은 인연 따라 일어남이 없다.

일체 인연법은 번뇌의 마음이 그릇되게 본 것이다.

因緣所生 是滅非生 滅諸生滅 是生非滅 (삼매경)

一切法相 從緣無起 一切緣法 惑心妄見 (삼매경 정리)

(19) 인연은 생기지 않아서,

생기지도 않고 없어지지도 않는다.

공중에서 꽃을 따는 것과 같고,

석녀(불임 여성)가 아들을 얻는 것과 같다.

법이 인연으로 생긴다면, 인연을 떠나면 법이 없다.

저 인연은 모두 영원히 얻을 수 없다.

因緣不生 不生不滅 探空中華 取石女子 (삼매경 정리)

法緣所生 離緣無法 同彼因緣 永不可得 (삼매경 정리)

(20) 선禪이 곧 움직임이다.

움직임도 아니고 선도 아닌 것이, 생김 없는 선禪이다.

삼매에 들지도 않고, 좌선에 머물지도 않아야,

생김도 없고 움직임도 없게 된다.

진리는 머묾이 없기 때문에,

머묾이 있는 것은 진리에 어긋난다.

禪卽是動 不動不禪 是無生禪 不入三昧 (삼매경)

不住坐禪 無生無行 理無住故 有住違理 (삼매경) (삼매론)

【법신】

(21) 부처님 말씀이 여실한 도리에 합당하기 때문에 여여라 한다.

앞의 여如는 합당하다는 뜻이고, 뒤의 여如는 도리라는 뜻
이다.

미래 세상까지 평등하고 항상한 것이 그대로(여)의 뜻이고

또 있다는 말이 온다(래)는 뜻이다.

佛言當如理故如如 前如當義後如道理 (삼매론)

未來際平等恒者如 言及有者是其來義 (삼매론)

(22) 진여眞如의 법은 텅 비어 모습이 없어,

　　두 가지가 미치는 곳이 아니고, 말 풀이되는 자리가 아니다.

　　진여의 빈 성질은, 성질이 비고 슬기가 불같아,

　　모든 매듭(번뇌)을 태워 없앤다. 평등하고 평등하다.

　　眞如之法 虛曠無相 非二所及 非言說地 (삼매경)

　　眞如空性 性空智火 燒滅諸結 平等平等 (삼매경)

(23) 취한 것을 처음 떨침이 처음 깨침의 뜻이고,

　　빈 마음을 본디 떨침이 바탕 깨침의 뜻이다.

　　이 처음 깨침이 곧 바탕 깨침과 같다.

　　진실한 경지를 깨친 이로움은 나고 듦이 없다.

　　始離能取 是始覺義 本離空心 是本覺義 (삼매론)

　　是始覺而 卽同本覺 實際覺利 無有出入 (삼매론) (삼매경)

(24) 진실한 경지의 법은, 법에 경지가 없다.

　　경지 없는 마음이 곧 진실한 경지에 들어간다.

　　이런 한 깨침이 곧 법신이고,

　　법신이 곧 중생의 본각이다.

　　實際之法 法無有際 無際之心 則入實際 (삼매경)

如是一覺 卽是法身 法身卽是 衆生本覺 (삼매론)

(25) 중생과 부처 성질은 같은 것도 아니고 다른 것도 아니다.

　　중생의 성질은 본디 나고 죽음이 없다.

　　나고 죽는 성질은 성질이 본디 열반이다.

　　성질과 모습도 본디 그대로이다.

　　그대로에는 움직임이 없기 때문이다.

　　衆生佛性 不一不異 衆生之性 本無生滅

　　生滅之性 性本涅槃 性相本如 如無動故 (삼매경)

(26) 일체 모든 법의 모습이, 곧 본래 열반이며,

　　열반과 빈 모습 또한 이러하다.

　　이와 같이 바탕 깨침이 본디 나고 죽음이 없듯이,

　　곧 열반은 나고 죽음이 없다.

　　一切法相 卽本涅槃 涅槃空相 亦復如是 (삼매경)

　　如是本覺 本無生滅 卽是涅槃 而無生滅 (삼매론)

(27) 열반에 항상 머묾은 열반에 묶인 것이다.

　　나아가 열반도 허깨비 같고 꿈만 같다.

　　만약 어떤 법에 뛰어난 열반이 있다고 말한다면,

　　나는 또다시 허깨비 같고 꿈만 같다고 말할 것이다.

　　常住涅槃 是涅槃縛 乃至涅槃 如幻如夢 (삼매경)

若當有法 勝涅槃者 我說亦復 如幻如夢 (삼매경 정리)

(28) 모든 대상이 비었고 모든 몸도 비었으며

모든 가리새도 비었고 깨침 또한 비었다.

모든 세상 사이의 8가리새가 비어 그윽하다.

모든 법의 바탕이 비었다는 것, 이것이 깨침(보리)이다.

一切境空 一切身空 一切識空 覺亦應空

一切世間 八識空寂 諸法性空 卽是菩提 (삼매경론 정리)

(29) 모든 만물의 있는 것은 생김도 없고 모습도 없다.

본디 스스로 이름이 없다. 모두 다 비어 그윽하다.

모든 법은 빈 모습이나 법의 성질이 없는 것이 아니다.

없는 것이 아니므로 없게 하지 못하고,

없게 하지 못하나 있는 것은 아니다.

一切萬有 無生無相 本不自名 悉皆空寂

諸法空相 法性非無 非無不無 不無不有 (삼매경론 정리)

【진리】

(30) 참됨 속됨이 둘이 없다. 물듦과 깨끗함도 둘이 없다.

모두 하나의 진실한 법이다.

모든 부처가 돌아가는 곳이다.

이 진실한 법의 모습은 부처가 지은 것이 아니다.

부처가 있든 부처가 없든 성질 스스로가 그러하다.

眞俗無二 染淨無二 一實之法 諸佛所歸

是實法相 非佛所作 有佛無佛 性自爾故 (삼매경론 정리)

(31) 일체 비어 그윽한 법, 이는 그윽하나 비지 않았다.

저 마음이 비지 않았을 때, 마음이 있지 않음을 얻는다.

진리는 실제 빈 것도 비지 않은 것도 아니다.

다만 있다를 깨기 위해 억지로 비었다고 했을 뿐이다.

諸空寂法 是寂不空 彼心不空 得心不有 (삼매경)

眞理實際 非空不空 但爲破有 强說爲空 (삼매론)

(32) 만약 법의 성질이 있는 것도 아니고

없는 것도 아님을 알면,

처음 마음을 피울 때 곧 바른 깨침을 이룬다.

처소를 볼 수 없는 것, 이것이 여래에 이른 것이다.

마치 손으로 저 허공을 잡는 것과 같다.

얻지는 못하나 곧 얻는다.

若知法性 不有不無 初發心時 便成正覺 (삼매론)

不見處所 是至如來 手執彼空 不得而得 (삼매경 정리)

(33) 법이 분별을 따라 생기지만, 분별을 따라 없어진다.

모든 분별을 없애면, 법은 생기지도 없어지지도 않는다.

이와 같이 법이 없는 것, 이 법이 그대로이다.

법은 머무는 곳이 없다. 모습과 숫자도 비었기 때문이다.

法分別生 從分別滅 滅諸分別 法非生滅 (삼매경)

無如是法 是法是如 法住處無 相數空故 (삼매경 정리)

(34) 법이 그윽이 없어짐을 알면, 마음을 그윽이 없애지 않는다.

그윽이 없어짐을 얻으면, 마음이 항상 참되게 본다.

이미 일어나는 것이 없음을 알기 때문에

마음을 없애지 않는다.

마음을 없애지 않는 것은 항상 그윽이 없어졌기 때문이다.

知法寂滅 不寂滅心 得寂滅者 心常眞觀 (삼매경 정리)

旣知無起 故不滅心 不滅心者 常寂滅故 (삼매론)

(35) 모든 나고 없어지는 법을 없애면, 열반에 머물지만,

큰 자비에게 빼앗기면, 열반이 없어져 머물지 않는다.

하나의 작은 먼지 중에서도 한량없는 부처를 널리 보며,

하나의 작은 먼지들과 같이, 모든 먼지 또한 그러하다.

滅諸生滅 住於涅槃 大悲所奪 涅槃不住 (삼매경)

一微塵中 見無量佛 如一微塵 一切塵然 (화엄경)

(36) 마음은 그림쟁이와 같아, 갖가지 5덩어리를 그려서,

일체 세간 중에, 짓지 않는 법이 없다.

마음과 같이 부처 또한 이러하며,

부처와 같이 중생 또한 이러하다.

마음과 부처 그리고 중생, 이 셋은 차별이 없다.

心如工畫師 畫種種五陰 一切世間中 無法而不造

如心佛亦爾 如佛衆生然 心佛及衆生 是三無差別 (화엄경)

(37) 부처님이 말씀하셨다. 보살아,

진리에는 그렇다 아니다(가부)가 없다.

만약 그렇다 아니다가 있다면 곧 모든 생각이 생긴다.

천 가지 생각 만 가지 생각이 나고 죽는 모습이다.

본 성질(바탕)의 모습을 보면, 진리가 스스로 가득하다.

佛言菩薩 理無可不 若有可不 卽生諸念

千思萬慮 是生滅相 觀本性相 理自滿足 (삼매경 정리)

(38) 만약 생각이 없으면 곧 나고 죽음이 없다.

진실로 일어나지 않으면, 오법(오온)의 깨끗함을 얻는다.

한 생각의 마음이 움직이면 오법(오음)이 갖춰 생긴다.

오법의 생김 중에 50악이 갖춰진다.

若無思慮 卽無生滅 如實不起 得五法淨 (삼매경 정리)

入五法淨 心卽無妄 若五陰生 具五十惡 (삼매경)

(39) 만약 마음이 생기면, 없애는 성질(멸성)을 없애고,

만약 마음이 없으면, 생기는 성질(생성)을 없애라.

가리새가 항상하게 됨을 다 보나,

이 가리새는 항상 그윽이 없어졌다.

초연히 맨땅에 앉으니(보리과),

가리새 덩어리가 대열반이다.

若心生者 令滅滅性 若心滅者 令滅生性 (삼매경)

了見識常 識常寂滅 超然露坐 識陰涅槃 (삼매경 정리)

【글자】

(40) 내가 법을 말하는 것은, 그대 중생들이

있다 생긴다(재생)를 말하기 때문이다.

말을 하지만 말을 할 수가 없다.

내가 말하는 것은 뜻을 말하는 것이지 글이 아니다.

중생의 말은 글을 말하는 것이지 뜻이 아니다.

我說法者 以汝衆生 在生說故 說不可說

我所說者 義語非文 衆生說者 文語非義 (삼매경)

(41) 부처님이 말씀하셨다. 보살아,

진리에는 그렇다 아니다(가부)가 없다.

있다 없다는 것으로는 진리를 풀이할 수 없다.

단지 이름이나 단지 글자만으로는 성질을 얻을 수가 없다.

그 이치를 풀이하기 위해 짐짓 이름이라 한 것뿐이다.

佛言菩薩 理無可不 非以有無 而詮得理 (삼매경 정리)

但名但字 性不可得 欲詮其理 假說爲名 (삼매경)

(42) 만약 중생을 가르치려면, 생김 없음(무생)을 가르쳐라.

　　생김 없음에 머물지 않는 것이, 곧 생김 없는 것(무생)이다.

　　도道가 먼 것인가? 일에 부딪는 것마다 진실이다.

　　성인이 먼 것인가? 몸이 곧 신神이다.

　　若化衆生 無生於化 無住無生 乃是無生 (삼매경 정리)

　　道遠乎哉 觸事而眞 聖遠乎哉 體之卽神 (삼매경 승조 법사)

(43) 만약 우스운 논리에도 항상 즐겁고 깨끗한 마음이면,

　　마을에 들어가도 마음이 항상 선정에 있고,

　　집에 살더라도 삼계(삼유)에 집착하지 않는다.

　　곧 일체 무애인이고 대자연인이다.

　　若於戱論 常樂淨心 入於聚落 心常在定 (삼매경)

　　若處居家 不着三有 卽无碍人 大自然人 (삼매경)

(44) 출가出家도 아니고 출가 아닌 것이 아닌 사람도

　　보리좌에 앉으며 사문의 공양을 받는다.

　　열반 집에 들어가면, 마음이 삼계를 일으켜도,

　　보리좌에 앉아 바른 깨침의 한 땅에 오른다.

　　非出家非不出家人 坐菩提座沙門敬養

入涅槃宅心起三界 坐菩提座登正覺一 (삼매경 정리)

(45) 이런 사람은 마음이 (인법) 두 본질을 뛰어넘는다.

　　저 같은 마음의 땅은 8가리새의 바다가 맑아,

　　바람이 능히 움직이지 않고, 물결도 일어나지 않는다.

　　계율을 말하는 것은 선하지 않고 교만하기 때문이다.

　　如是之人心超二我 如彼心地八識海澄 (삼매경 정리)

　　風不能動波浪不起 爲說戒者不善慢故 (삼매경 정리)

2.『대승기신론소·별기』

『대승기신론大乘起信論』은 인도 마명보살馬鳴菩薩이 지었는데 범어
梵語 원문은 전해지지 않는다. 이를 중국으로 건너온 진제삼장眞諦
三藏이 한역했으며, 후에 당唐의 실차난타實叉難陀가 측천무후의 명
으로 다시 한역했다. 따라서 2종의 『대승기신론』이 있다.

원효는 진제眞諦 역을 보면서 그때그때 필요한 것을 적었다. 이
른바 별기別記다. 『이장의二障義』를 지은 후에는 체계적으로 풀이
했는데 이른바 소疏다.

이것을 후세 사람들이 논論, 소疏, 별기別記를 한데 모아 정리했
다. 곧 『대승기신론소기회본大乘起信論疏記會本』이다. 간단히 『소기
회본疏記會本』이다.

원효는 진제眞諦 역을 풀이하면서 자기 견해를 많이 추가했다.
『기신론』의 핵심인 생주이멸生住異滅 4상四相 이론은 원효 자신의
견해라 할 수 있다. 원효의 풀이 이후 많은 사람들이 진제 역을 풀
이했으며, 불교 중요 논서가 되었다.

『대승기신론』은 종교서 이전에 철학서다. 삶이 무엇인가? 왜 태

어나는가? 왜 이런가? 나아가 죽음이 무엇인가? 죽으면 어떻게 되는가? 죽음을 넘어설 수는 없는가?를 다루고 있다.

『대승기신론』의 최종 목적은 자유自由, 곧 대자유大自由다. 자유자재自由自在, 간단히 자재自在라 할 수도 있다. 신체의 자유, 양심의 자유 그런 것이 아니라 마음의 자유, 삶과 죽음의 자유, 나아가 이들의 자유자재함이다.

『대승기신론』은 철저한 이론과 분석을 통해 누구든지 이런 자유를 얻을 수 있는 길과 방법을 제시하고 있다.

고대 인도의 마명보살이 지은『대승기신론』이 이런 생명력을 갖게 된 것은, 신라 원효대사元曉大師가 소疏와 별기別記를 썼기 때문이다. 소疏는 풀이했다는 말이고, 별기別記는 추가했다는 말이다. 이로서『대승기신론』이 재평가되고, 불교 이론의 중심에 서게 된다.

원효의 소疏, 별기別記는 중국을 거쳐 인도까지 번역해 들어갔다. 둔황에서 8~10세기로 추정되는 원효소 필사본 일부가 발견되었는데, 이는 장안을 거쳐 이곳까지 전파된 것으로 추정된다(금강신문, 2010. 3. 2). 우리나라 철학서로서 자기들이 필요해서 번역해 간 글은 원효의 글이 유일하지 않나 생각된다.

청량국사 징관(唐, ?~839)은 회남 법장에게서 『해동기신론소』를 받아 보고 이렇게 말했다.

각각의 글이 모든 대사들에서 높이 뛰어났다.

나의 논장論章 중에도 왕왕 인용했지만,

그 전체적 풀이는 보지 못했다.

때문에 그 풀이의 시말始末을 명확하게 연구할 수 없었다.

個書高出于諸師上 我論章中往往引用

而未見其全釋所以 悁研礙其釋之始末 (기신론해동소 간행서)

【서문】

(01) 적현寂玄

　　무릇 큰 수레의 몸체는

　　소슬해서 비어 고요하고,

　　맑아서 깊고 그윽하다.

　　그윽하고 또 그윽하나 어찌 만상의 겉을 벗어났겠으며,

　　고요하고 또 고요하나 오히려 백 개 집안의 말 속에 있다.

　　만상의 겉을 벗어나지 아니했으나,

　　5눈(오안)으로도 능히 그 몸체를 볼 수가 없고,

　　백 개 집안의 말 속에 있으나,

　　네 가지 말솜씨(사변)로도 능히 그 모습을 말하지 못한다.

　　然 夫大乘之爲體也 蕭焉空寂 湛爾沖玄

　　玄之又玄之 豈出萬像之表 寂之又寂之 猶在百家之談

　　非像表也 五眼不能見其軀 在言裏也 四辯不能談其狀 (기신소)

(02) 크다고 말하려니,

속이 없는 (아주 작은) 것에 들어가도 남음이 없고,

작다고 말하려니,

밖이 없는 (아주 큰) 것을 둘러싸도 여유가 있다.

그것을 있다(유)에 끌어대려니,

하나의 참 진리가 그것을 이용해서 텅 비워졌고,

그것을 없다(무)에 끌어매려니,

만물이 그것을 타고서 생겨난다.

그것을 뭐라 해야 할지 몰라,

억지로 큰 수레(대승)라 해본 것뿐이다.

欲言大矣 入無內而莫遺 欲言微矣 苟無外而有餘

引之於有 一如用之而空 獲之於無 萬物乘之而生

不知何以言之 强號之謂大乘 (기신소)

(03) 광탕曠蕩

큰 수레의 몸체라,

텅 비어, 큰 하늘과 같으니 사사로움이 없고,

탁 넓어, 큰 바다와 같으니 지극히 공평하다.

지극히 공평함이 있기 때문에,

움직임과 조용함이 따라서 이루어지고,

사사로움이 없기 때문에,

물듦과 깨끗함이 이에 어우러진다.

물듦과 깨끗함이 어우러지기 때문에,

참됨과 속됨이 평등하고,

움직임과 조용함이 이루어지기 때문에,

오르내림이 어긋난다.

其體也

曠兮其若太虛而無其私焉 蕩兮其若巨海而有至公焉

有至公故 動靜隨成 無其私故 染淨斯融

染淨融故 眞俗平等 動靜成故 昇降參差 (기신별기)

(04) 오르내림이 어긋나기 때문에,

감응하는 길이 통하고,

참됨과 속됨이 평등하기 때문에,

생각의 길이 끊긴다.

생각의 길이 끊기기 때문에, 그것을 체득한 사람은

그림자나 소리를 탔으나 방향이 없고,

감응하는 길이 통하기 때문에, 그것을 바라는 사람은

이름이나 모습을 뛰어넘어 돌아감이 있다.

탄 그림자나 소리는,

모양도 아니고 말도 아니다.

이름이나 모습을 이미 뛰어넘었는데

무엇을 뛰어넘고 무엇으로 돌아가는가.

이를,

이치가 없으나 이치가 지극하고,

그렇지 않으나 크게 그러하다고 한다.

昇降差故 感應路通 眞俗等故 思議路絶

思議絶故 體之者 乘影響而無方

感應通故 祈之者 超名相而有歸

所乘影響 非形非說 旣超名相 何超何歸

是謂無理之至理 不然之大然也 (기신별기)

(05) 마명자비 馬鳴慈悲

<u>스스로,</u>

도를 깨쳤으나 입을 다문 유마 거사維摩居士나

눈빛만 보고도 도를 아는 공자孔子가 아닌데,

누가 능히 말소리를 떠나서 큰 수레를 이야기하겠으며,

생각을 끊고서 깊은 믿음을 일으키겠는가?

이에 마명보살이

아무 연고 없는 큰 자비 (무연대비)로,

저 밝지 못한 헛된 바람 (무명풍)이

마음 바다를 움직여 쉽게 팔랑이게 함을 속상해 하고,

저 바탕 깨침의 참된 성질이

긴 꿈에 잠들어 깨어나기 힘듦을 안타깝게 여겼다.

이에

한 몸이란 슬기의 힘으로

어렵사리 이 논을 지어서는

여래 경전의 깊고 오묘한 뜻을 정성껏 풀이했으니,

배우는 이로 하여금 잠깐 이 책을 펴서는

삼장三藏의 뜻을 두루 탐구케 하고,

도를 찾는 이로 하여금 만사를 아주 끊고서

한마음의 근원으로 돌아가게 하기 위해서다.

自非 杜口大士 目擊丈夫

誰能論大乘於離言 起深信於絕慮者哉

所以 馬鳴菩薩 無緣大悲

傷彼無明妄風 動心海而易漂

愍此本覺眞性 睡長夢而難悟

於是 同體智力堪造此論 贊述如來深經奧義

欲使 爲學者暫開一軸 徧探三藏之旨

爲道者永息萬境 遂還一心之原 (기신소)

(06) 종주宗主

이 기신론으로 말하면,

세우지 않은 것이 없고, 깨지 않은 것이 없다.

중관론, 12문론 같은 것은

모든 집착을 두루 깨어, 깨진 것까지 또한 깼으나,

깨는 것과 깨진 것을 돌아오게 하지는 못해서

이를 가게만 해서 보편적 논리는 아니라고 한다.

유가론, 섭대승론 같은 것은

깊고 얕음을 통틀어 세워 법문을 풀이했으나,

스스로 세운 법을 두루뭉술하게 보내지는 못해서

이를 주기만 해서 **빼앗는** 논리는 아니라고 한다.

其爲論也 無所不立 無所不破

如中觀論 十二門等 徧破諸執 亦破於破

而不還許 能破所破 是謂往而 不徧論也

其瑜伽論 攝大乘等 通立深淺 判於法門

而不融遣 自所立法 是謂與而 不奪論也

(07) 이제 이 기신론은

이미 슬기롭고 이미 어질며,

또한 그윽하고 또한 넓어서,

세우지 않은 것이 없으면서도 스스로 보냈고,

깨지 않은 것이 없으면서도 모두 돌아오게 했다.

모두 돌아오게 한 것은, 저 가는 것을 드러냈으니

가는 것이 극에 이르면 두루 서는 것이고,

스스로 보낸 것은, 저 주는 것을 밝혔으니

주는 것이 끝에 이르면 **빼앗는** 것이 된다.

이를 모든 논리의 으뜸 주장(조종)이고

모든 논쟁을 평정하는 주인(평주)이라 한다.

今此論者 旣智旣仁 亦玄亦博 無不立而自遣 無不破而還許

而還許者 顯彼往者 往極而徧立

而自遣者 明此與者 窮與而奪
是謂 諸論之祖宗 群諍之評主也 (기신별기)

(08) 총섭總攝

풀이한 글이 비록 넓지마는 간단히 말하면

한마음(一心)에 2문二門을 열었다.

마라산 꼭대기에서 (능가경) 108가지 넓은 가르침을 총괄해,

모습이 물든 것에서 성질이 깨끗함을 보였고,

아유사국 (승만부인이 아뢴)

15장의 그윽한 이치를 넓게 종합했으며,

곡림에서 (부처님이 말씀하신 열반경의) 한 맛의 으뜸이나,

취산에서 (부처님이 말씀하신 법화경의) 둘이 없는 뜻이나,

금고경, 대승동성경(에서 말씀하신) 삼신의 지극한 결과나,

화엄경, 영락본업경(에서 말씀하신) 4단계의 깊은 수행이나,

대품반야경, 대방등대집경(에서 말씀하신)

비고 넓은 지극한 도나,

일장분, 월장분(에서 말씀하신) 아주 비밀스런 그윽한 문 까지,

무릇 이런 것 중 뭇 경전의 간과 심장만을 한 줄로 꿴 것,

그것은 오직 이 대승기신론뿐이다.

所述雖廣 可略而言 開二門於一心

總括摩羅百八之廣誥 示性淨於相染

普綜踰闍十五之幽致 至如鵠林一味之宗

鷲山無二之趣 金鼓同性三身之極果

華嚴瓔珞四階之深因 大品大集曠蕩之至道

日藏月藏微密之玄門 凡此等輩中衆典之肝心

一以貫之者其唯此論乎 (기신소)

(09) 묘술妙術

이 기신론의 뜻, 그것이 이미 이와 같으니,

열면 한량없고 가없는 뜻을 으뜸으로 하고,

합치면 2문 한마음 법을 요체로 한다.

(진여문, 생멸문) 2문 안에는

만 가지 뜻이 들어 있으나 어지럽지 않으며,

가없는 뜻이 한마음과 같으나 부드럽게 어우러졌다.

이에 열고 합침이 자유롭고,

세우고 깸에 거리낌이 없다.

열었으나 번잡하지 않고, 합쳤으나 좁지 않으며,

세웠으나 얻은 것이 없고, 깼으나 잃은 것이 없다.

이것이 마명보살의 묘한 술법이며, 기신론의 으뜸 몸체이다.

此論之意 旣其如是

開則無量無邊之義爲宗 合則二門一心之法爲要

二門之內 容萬義而不亂 無邊之義 同一心而混融

是以 開合自在 立破無礙

46

開而不繁 合而不狹 立而無得 破而無失

是爲馬鳴之妙術 起信之宗體也 (기신소)

(10) 직속直屬

그러나 이 기신론의 뜻은 깊고 멀어서,

이제까지 풀이한 사람들 중,

그 주된 뜻을 다 갖춘 이가 드물었다.

참으로 자기가 익힌 것만 지켜서는 글을 끌어대다 보니,

능히 마음을 비우고 뜻을 찾을 수가 없었다.

때문에 이 책의 저자

마명보살의 본뜻에 가까이 가지 못했다.

어떤 이는 강 근원을 바라보나 지류에서 헤매고,

어떤 이는 잎사귀를 잡고서 줄기를 잊어버리고,

어떤 이는 옷깃을 잘라 소매에 갖다 붙이고,

어떤 이는 가지를 꺾어 뿌리에 동여맸다.

이제 오직 이 기신론의 글에 의해서만,

풀이된 경전들의 본디 글을 속하는 곳에 바로 배당했으니

뜻을 같이하는 사람들은 알아들을 일이다.

으뜸 몸체(종체) 나타냄을 마친다.

然以此論意趣深邃 從來釋者尠具其宗

良由各守所習而牽文 不能虛懷而尋旨

所以不近論主之意

或望源而迷流 或把葉而亡幹

或割領而補袖 或折枝而帶根

今直依此論文 屬當所述經本

庶同趣者消息之耳 標宗體竟 (기신소)

(11) 비유하면 깊고 큰 바다에는 값진 보배들이 다함이 없는데

　　이 중에는 중생의 갖가지 모습이 모두 나타나듯이,

　　깊고 깊은 인연의 바다에는 공덕의 보배가 다함이 없는데

　　맑고 깨끗한 법 몸 중에는 나타나지 않은 모습이 없다.

　　譬如深大海 珍寶不可盡 於中悉顯現 衆生形類像

　　甚深因緣海 功德寶無盡 清淨法身中 無像而不現 (화엄경)

(12) 석가가 삼세를 떠나니 좋은 모습(상호)을 모두 갖추셨네,

　　머묾이 없는 곳에 머무시니 법계가 모두 깨끗해졌네,

　　인연 때문에 법이 생기고 인연 때문에 법이 없어지네,

　　이와 같이 여래를 보니 어리석은 의혹을 끝까지 떨치겠구나.

　　牟尼離三世 相好悉具足 住於無所住 法界悉清淨

　　因緣故法生 因緣故法滅 如是觀如來 究竟離癡惑 (화엄경)

(13) 목숨을 걸고 돌아갑니다.

　　시방十方이 다하도록 가장 뛰어난 일과 두루한 슬기로,

　　빛깔에 걸림이 없이, 자유로우시며,

48

세상을 건지려는 큰 자비를 가지신 이와,

또 그 몸체와 모습이, 법의 바탕인 진여眞如의 바다와 같아서,

한량없는 공덕을 감추시고서, 여실하게 수행하시는 것 등에

중생들로 하여금 의혹을 없애고 그릇된 집착을 버리게 하며,

큰 수레에 대한 바른 믿음을 일으켜서,

부처의 씨가 끊어지지 않게 하기 때문이다.

歸命盡十方 最勝業偏知 色無礙自在 救世大悲者

及彼身體相 法性眞如海 無量功德藏 如實修行等 (기신론)

爲欲令衆生 除疑捨邪執 起大乘正信 佛種不斷故 (기신론)

【일반】

(14) 크다는 넓게 포함함을 뜻하고,

수레는 실어 나름을 비유한다.

큰 수레란 한량없고 가도 없어 모든 곳에 두루함을 말한다.

비유하면 마치 텅 빈 하늘이

일체 중생들을 넓고 크게 받아들이는 것과 같다.

大義廣苞乘喩運載 大乘者謂無量無邊 (기신소)

普徧一切 喩如虛空廣大容受一切衆生 (기신소)

(15) 믿음을 일으킨다(기신)는 말은,

사람들이 믿음을 일으키는 것이다.

믿는다(신)는 결정적으로 그러하다는 말이다.

진리가 진실로 있음을 믿고, 닦으면 얻을 수 있음을 믿으며,

닦아 얻을 때는 무궁한 공덕이 있음을 믿는 것이다.

言起信者起衆生信 信以決定謂爾之辭

信理實有信修可得 信修得時有無窮德 (기신소)

(16) 중생의 6뿌리(육근)는 한마음을 좇아 일어나서는,

스스로 바탕을 저버리고 6대상(육진)으로 달아나 흩어진다.

이제 목숨을 걸고 이 6느낌(육정)을 두루 거두어서,

본바탕인 한마음의 뿌리로 되돌아가기 때문에

목숨을 걸고 돌아간다고 했다.

衆生六根從一心起 而背自原馳散六塵

今擧命總攝六情 還歸本一心原故歸命 (기신소)

(17) 목숨이란 목숨의 뿌리를 말하니

모든 뿌리를 통째 다스리는 것으로

한 몸의 요체는 오직 목숨을 주인으로 한다.

이 둘도 없는 목숨을 들고서 더할 수 없이 귀한 것을

받듦으로 목숨을 걸고 돌아간다고 했다.

命謂命根總御諸根 一身之要唯命爲主

擧此無二之命以奉無上之尊 故言歸命 (기신소)

(18) 여래의 빛깔 몸(색신)은 만 가지 수행으로 이루어지고

또한 불가사의한 훈습으로 이뤄졌다.

부처는 큰 어른으로 사람들을 아들로 삼아

삼계의 불타는 집에 들어가서 살을 태우는 듯한 괴로움을 구한다.

如來色身萬行所成 及不思議熏習所成 (기신소)

佛大長者衆生爲子 三界火宅救諸焚燒 (기신소)

(19) 법의 바탕은 이른바 열반으로

(열반이) 법의 본바탕이기 때문에 법의 바탕이라 했다.

진여(참된 그대로)는 버릴 것 없는 것을 진(참된)이라 했고,

세울 것 없는 것을 여(그대로)라 했기 때문에 진여라 했다.

言法性者所謂涅槃 法之本性故名法性 (기신소)

言眞如者無遣曰眞 無立曰如故名眞如 (기신소)

(20) 한소리 둥근 소리는,

여래가 세상에 계실 때는 사람들의 근기도 날카롭고,

풀이하는 사람(여래)의 빛깔과 마음의 업도 뛰어나,

둥근 소리로 한 번 이야기하면 다른 종류들도 똑같이 알아들었다.

곧 논論이 구태여 필요 없었다.

圓音一音如來在世 衆生利根能說之人

色心業勝圓音一演 異類等解則不須論 (기신론)

(21) 여래가 돌아가신 뒤에는 사람들의 근기와 인연이 어긋났다.

넓게 듣고 이해하기도 하고, 적게 듣고 많이 이해하기도 하고,

넓은 논論으로 이해하기도 하고, 적은 글로 이해하기도 했다.

기신론은 네 번째 사람을 위한 것이다.

如來滅後 根緣參差 廣聞取解 少聞多解

廣論得解 少文取解 起信論者 爲第四人 (기신론 정리)

【1심2문】

(22) 법法이라는 말은 이른바 중생의 마음이다.

이 마음이 곧 일체 이 세상 법과 저 세상 법을 포함하므로,

이 마음에 의하면 큰 수레의 뜻을 나타내 보일 수가 있다.

所言法者謂衆生心 是心則攝一切世間

法出世間法 依於此心卽顯示摩訶衍義 (기신론)

(23) 한마음 법(일심법)에 의하면 두 가지 문(이종문)이 있는데,

심진여문과 심생멸문이다.

이 2문은 모두 모든 법을 두루 포함하는데,

이 2문은 서로 떨어질 수 없기 때문이다.

依一心法有二種門 心眞如門心生滅門

二門皆總攝一切法 以是二門不相離故 (기신론)

(24) 진여문에서 그치는 수행(지행)을 닦고,

생멸문에서 보는 수행(관행)을 일으켜

그침과 보기(지관)가 함께 움직여서

중생으로 하여금 모든 괴로움을 떨치고 끝 되는 즐거움을

얻게 함이지, 세상 사이의 명리를 구함이 아니다.

眞如門修止行生滅門起觀行 止觀雙運 (기신소)

爲令衆生離一切苦 得究竟樂非求世間 (기신론)

(25) 진여문은 물듦과 깨끗함이 통하는 모습(염정통상)으로,

달리 물들고 깨끗함이 없기 때문에 모든 법을 두루 포함한다.

생멸문은 물듦과 깨끗함을 나눠 나타냈으나(염정별현),

포함하지 않는 것이 없기 때문에 모든 법을 두루 포함한다.

眞如門者染淨通相 無別染淨總攝諸法

生滅門者別顯染淨 無所不該總攝諸法 (기신별기)

(26) 물들고 깨끗한(염정) 모든 법은 그 성질에 둘이 없고,

참됨과 헛됨(진망)의 2문도 다르지 않기 때문에 하나라 한다.

둘이 없는 곳은 일체 법 가운데서도 진실하나

허공과 같지 않아, 성질 스스로가 신통하게 알기 때문에

마음이라 한다.

染淨諸法其性無二 眞妄二門不異故一

無二 諸法中實不同虛空性自神解故心 (기신소)

(27) 진여문 중에서 이야기되는 진리를

비록 진여라 했지만 역시 얻을 수는 없다.

그러나 없는 것은 아니다.

부처가 있든 부처가 없든 성질과 모습은 언제나 머물러서,

(달라지지도 않고) 깨지지도 않는다.

眞如門中所說理者 雖曰眞如亦不可得

而亦非無有佛無佛 性相常住不可破壞 (기신별기)

(28) 생멸문 안에 포함된 진리는

비록 진리의 몸체가 나고 죽는 모습을 떠났지만

항상 머무는 성질을 지키지 못한다.

무명의 인연을 따라 나고 죽음에 흘러 다녀서

(비록 실제로 물들었지만) 자기 성질은 맑고 깨끗하다.

生滅門內所攝理者 雖復理體離生滅相

不守常性 隨無明緣流轉生死自性淸淨 (기신별기)

(29) 마음의 진여(심진여자)는

곧 하나의 법계를 크게 통튼 모습으로 법문의 몸체이다.

마음 바탕은 나지도 않고 죽지도 않는다.

모든 법은 오직 헛된 생각의 차별로서,

마음을 떠나면 대상이 없다.

心眞如者 卽是一法界大總相法門體也 (기신론)

心性不生不滅 諸法妄念差別離心無境 (기신론)

(30) 이른바 이 마음이 나고 죽는 것은,

　　여래장에 의하기 때문에 나고 죽는 마음이 있다.

　　하나의 법계가 제 몸을 들어 생멸문을 짓고,

　　제 몸을 들어 진여문이 되는 것과 같다.

　　所謂是心生滅者 依如來藏故有生滅心 (기신론)

　　如一法界擧體作生滅門 擧體爲眞如門 (기신소)

(31) 진여는 두 가지 뜻이 있다.

　　하나는 진실로 빈 것(여실공)이니

　　이는 결국 진실을 나타내기 때문이고,

　　둘은 진실로 비지 않은 것(여실불공)이니 이는 자기 몸체에

　　샘이 없는 바탕 공덕을 두루 갖추고 있기 때문이다.

　　眞如有二 一者如實空以能究竟顯實故

　　二者如實不空 以自體具足無漏性功德 (기신론)

(32) 나지도 않고 죽지도 않는 것(불생불멸)이

　　나고 죽는 것(생멸)과 어우러져,

　　같은 것도 아니고 다른 것도 아닌 것이 아려야식이다.

　　이 아려야식에는 두 가지 뜻이 있어서,

　　일체 법을 능히 포함하며(능섭)

일체 법을 능히 낳는다(능생).

不生不滅生滅和合 非一非異阿黎耶識 (기신론)

此識有二種義 能攝一切法能生一切法 (기신론)

(33) 만약 분별성, 의타성, 진실성, 이 세 성질이 서로 의지해서

　　　같은 것도 아니고 다른 것도 아니라는 뜻을 이해하면

　　　백 가지 논쟁을 아우르지 못할 까닭이 없다.

若能解分別性依他性眞實性 三性相望 (섭대승론석)

不一不異義者 卽百家之諍無所不和也 (기신별기)

(34) 만약 서로 의지하지 않는다면 자기 모습은 없고,

　　　남에게 의지해서 있다 해도 역시 자기 모습이 아니다.

　　　자기 모습이 이미 없는데 어떻게 남의 모습이 있겠는가?

　　　이는 모든 법은 얻을 것이 없다는 뜻을 나타낸다.

若不相待則無自相 待他而有亦非自相

自相旣無何有他相 是顯諸法無所得義 (기신소)

(35) 진리가 말을 끊은 것도 아니고 말을 끊지 않은 것도 아니다.

　　　진리는 또한 말을 끊은 것도 되고

　　　또한 말을 끊지 않은 것도 된다.

　　　일체 말 풀이는 거짓 이름이고 진실은 없으니,

　　　단지 헛된 생각만 따라서는 (진실을) 얻을 수 없기 때문이다.

理非絶言非不絶言 理亦絶言亦不言絶 (기신소)

一切言說假名無實 但隨妄念不可得故 (기신론)

【무명】

(36) 이른바 큰 수레 법은 오직 한마음으로 한마음 바깥에
　　또 다른 법이 없다. 단지 무명(밝지 못한 것)이 있어서,
　　스스로 이 한마음을 어둡게 하여
　　모든 물결을 일으켜서는 6길(육도)에 흘러 구르는 것뿐이다.

　　謂大乘法唯有一心 一心之外更無別法
　　但有無明迷自一心 起諸波浪流轉六道 (기신소)

(37) 무명(밝지 못한 것)이 능히 모든 물드는 법을 낳는다.
　　모든 물드는 법이 못 깨친 모습이기 때문이다.
　　모든 물드는 모습에 비록 거친 것과 미세한 것이 있으나,
　　이 모두가 모든 법의 진실한 모습을 깨닫지 못한 것이다.

　　無明能生一切染法 一切染法不覺相故
　　以諸染相雖有麤細 而皆不覺諸法實相 (기신소)

(38) 하나의 법계(일법계)임을 다 알지 못하기 때문에,
　　마음이 서로 응하지 아니하여
　　생각이 문득 일어나는 것을 무명이라 한다.
　　본디부터 생각 생각이 서로 이어져서

일찍이 생각을 떠나본 적이 없는 것을

처음이 없는 무명(무시무명)이라 한다.

不達一法界故 心不相應忽然念起無明 (기신론)

以從本來念念相續 未曾離念無始無明 (기신론)

(39) 사람들 자기 성질은 맑고 깨끗한 마음(자성청정심)이나,

밝지 못한 바람으로 인해 움직여, 서로 떨어지지 아니한다.

모든 나고 죽는 모습들이

모여 뭉쳐서 생기기(취집이생) 때문에 중생이라 했으나,

오직 마음의 몸체에 의한 것이다.

衆生自性淸淨心 因無明風動不相捨離 (기신론)

諸生滅相聚集而生 故名衆生唯依心體 (기신소)

(40) 이 밝지 못한 것의 모습(무명상)은 바탕 깨침의 성질(본각성)과

같은 것도 아니고 다른 것도 아니며(비일비이)

하나도 아니고 둘도 아니다(불일불이).

다른 것이 아니기 때문에 깨뜨릴 수 없으나,

같은 것도 아니기 때문에 못 깨뜨릴 것도 없다.

此無明相與本覺性 非一非異不一不二

而非異故非可壞也 而非一故非不可壞 (기신소 정리)

(41) 마음의 몸체는 움직이지 않고

단지 밝지 못한 것만 움직인다면

곧 범부를 바꾸어 성인을 이루는(전범성성) 이치가 없어진다.

밝지 못한 것은 한결같이 죽는 쪽으로만 향하고,

마음의 몸체는 본디 범부를 짓지 않기 때문이다.

따라서 마음의 몸체는 나고 죽는다.

心體不動但無明動 則無轉凡成聖之理

無明一向滅心體本不作凡 故心體生滅 (기신별기)

(42) 업의 모습(업상)은 무명의 깨치지 못한 생각이

움직이는 것으로, 비록 일어나고 없어짐은 있으나

보는 것과 모습은 나눠지지 않는다.

구르는 모습(전상)은 움직이는 생각에 의해

능히 보는 것을 굴러 만드는 것이고,

나타나는 모습(현상)은 능히 보는 것(능견)에 의해

그 대상의 모습을 나타내는 것이다.

무명이 이 세 모습과 어우러져

한마음의 몸체를 움직여 굴러서는 나타난다.

業相無明不覺念動 雖有起滅見相未分

轉相動念轉成能見 現相能見現於境相

無明與此三相和合 動一心體隨轉至現 (기신소 정리)

(43) 네 가지 모습(사상) 안에도 각각 차이가 있다. 나는 모습 셋,

머무는 모습 넷, 달라지는 모습 여섯, 죽는 모습 일곱이다.

나는 모습 셋은 업의 모습(업상), 구르는 모습(전상),

나타나는 모습(현상)이다.

머무는 모습 넷은 네 가지 나라는 것(4아)이다.

달라지는 모습 여섯은 여섯 가지 근본번뇌이다.

죽는 모습 일곱은 몸이 짓는 것 셋, 입이 짓은 것 넷이다.

四相之內各有差別 生三住四異六滅七

生相三者業相轉相現相 住相四者四我

異相六者六根本惱 滅相七者身三口四 (기신소 정리)

(44) 네 모습이 생기는 것은 한마음이 흘러 구른 것이며,

모든 것은 바탕이 밝지 못한 것(근본무명)에 기인한다.

의지되는 모습(소상)인 마음(심)은 한마음(일심)에서 나오고,

능히 하는 모습(능상)인 네 모습(사상)은 무명에서 일어난다.

四相生起一心流轉 一切皆因根本無明

所相之心一心而來 能相之相無明所起 (기신소)

(45) 본디 밝지 못한 것(무명)의 못 깨친 힘에 의해,

생기는 모습(생상) 등 여러 가지 꿈같은 생각을 일으켜서는,

그 마음 바탕을 움직여 죽는 모습(멸상)까지 굴러서,

삼계에 오랫동안 잠자기도 하고 6도(6취)에 흘러다니기도

한다.

本依無明不覺之力 起生相等種種夢念

動其心源轉至滅相 長眠三界流轉六趣 (기신소)

(46) 네 모습을 깨칠 때는 전후에 얕고 깊음이 있으나

깨쳐진 네 모습은 같은 시간에 있다.

네 모습이 함께 있는 것은 마음으로 이뤄졌기 때문이다.

한마음을 떠난 바깥에 별다른 자기 몸체가 없다.

覺四相時前後淺深 所覺四相俱時而有 (기신소 정리)

四相俱有爲心所成 離一心外無別自體 (기신소)

(47) 모든 외도外道들이 흔히 마음 임금(심왕)을,

다스리는 자니(절대자) 만드는 자니(조물주)

받는 자니(피조물) 하며 헤아림은, 자기 성질은 없이

인연 따라 흘러 다님을 능히 알지 못함에 기인한다.

諸外道等多於心王 計爲宰主作者受者

由不能知 卽是其無自性隨緣流轉故也 (기신소)

【9상】

(48) 아려야식(바탕 가리새)에 의해 무명(밝지 못한 것)이 있어서,

깨치지 못하고 일어나서는, 능히 보고, 능히 나타나고,

능히 대상을 취해, 생각을 일으켜 서로 이어지기 때문에

말나(의)라 한다.

이에는 (업식, 전식, 현식, 지식, 상속식) 다섯 이름이 있다.

依黎耶識說有無明 不覺而起能見能現

能取境界起念相續 故說爲意此意有五 (기신론)

(49) 바탕 가리새(본식)에 연줄 되는 것을 나(아)라고 헤아리고,

나타난 대상에 연줄 되는 것을

내가 있는 곳(아소)으로 생각한다.

제7식(말나)은 곧장 안으로 향해

나와 내가 있는 곳을 헤아리기는 하나,

달리 마음 바깥에 대상이 있다고는 헤아리지 않는다.

緣於本識計以爲我 緣所現境計爲我所

七識 內向計我我所而不別計心外有塵 (기신소)

(50) 세 가지 자세함은

모두 바탕 가리새(본식) 안의 다른 작용이다.

12인연 그 처음을 알지 못한다.

의식은 모든 대상은 오직 가리새뿐(유식)임을 알지 못한다.

따라서 마음 바깥에 실제로 대상(경계)이 있다고 집착한다.

三細本識之內別用 十二因緣始不可知 (기신소 정리)

意識不知諸塵唯識 故執心外實有境界 (기신소)

(51) 첫째, 슬기 모습(지상)은 대상에 의해 마음이 일어나서는

좋아하고 좋아하지 않음을 분별한다.

둘째, 이어지는 모습(상속상)은 괴로움과 즐거움이 생겨서는

깨친 마음이 생각을 일으켜 서로 응해 끊어지지 않는 것이다.

一者智相依於境界 心起分別愛與不愛

二相續相生其苦樂 覺心起念相應不斷 (기신론 정리)

(52) 셋째, 달라붙는 모습(집취상)은 대상을 생각해서는

괴로움과 즐거움에 머물러 마음에 집착을 일으킨다.

넷째, 이름자를 분별하는 모습(계명자상)은 헛된 집착에

의해서 거짓된 이름이나 말의 모습을 분별한다.

三執取相緣念境界 住持苦樂心起著故

四計名字相依於妄執 分別假名言相故 (기신론 정리)

(53) 다섯째, 업을 일으키는 모습(기업상)은 이름자에 의해

이름을 살펴보고는 달라붙어서 갖가지 업을 짓는다.

여섯째, 업에 매여 괴로운 모습(업계고상)은

업에 의해 그 결과를 받아서 자유롭지 못하다.

五起業相依於名字 尋名取著造種種業

六者業繫苦相者 以依業受果不自在故 (기신론 정리)

(54) 이어지는 가리새(상속식)는

생각이 서로 응해 끊어지지 않게 하니,

한량없는 세상의 선악의 업을 잃지 않게 하여

현재 미래의 괴로움과 즐거움 등의 결과를

잘 무르익게 해서는 어긋남이 없게 한다.

相續識起念相應不斷 無量世等善惡業

令不失故 成熟現未苦樂等報無差違故 (기신론) (기신소)

(55) 〈의식은 곧 이어지는 가리새(상속식)인데〉

다만 법에 집착해 분별하여(법집분별) 서로 응해서는

뒤의 것을 낳는다는 뜻으로 나아가면 말나(의)라 할 수 있고,

보고 좋아하는 번뇌(견애번뇌)를 잘 일으켜

앞서 낳은 것을 따른다는 뜻에 의하면 의식이라 할 수 있다.

但就法執分別相應生後義門 則說爲意

約其能起見愛煩惱從前生門 說名意識 (기신소 정리)

【각 불각】

(56) 못 깨침(불각)의 뜻이 바탕 깨침(본각)에 배어들기 때문에

모든 물드는 법이 생기고,

바탕 깨침(본각)이 못 깨침(불각)에 배어들기 때문에

모든 깨끗한 법이 생긴다.

由不覺義熏本覺故 生諸染法

又由本覺熏不覺故 生諸淨法 (기신소 정리)

(57) 깨침은 마음의 몸체가 생각을 떠난 것이다.

떠난 모습은 텅 빈 하늘(허공계)과 같아

두루하지 않은 곳이 없고 법계와 한 모습(법계일상)이다.

또 여래 평등법신을 바탕 깨침(본각)이라 한다.

覺者心體離念 離相等虛空界無所不偏

法界一相 又如來平等法身說名本覺也 (기신론)

(58) 바탕 못 깨침은 이른바 아려야식 안에 있는

바탕이 밝지 못한 것(근본무명)인데 (이를) 못 깨침이라 했다.

곁가지 못 깨침은 이른바 밝지 못한 것이 일으킨

모든 물드는 법으로 (이를) 못 깨침이라 했다.

根本不覺 謂黎耶識內根本無明名不覺

枝末不覺 謂無明所起一切染法名不覺 (기신별기)

(59) 처음 깨침은 못 깨침을 기다리고,

못 깨침은 바탕 깨침을 기다리며,

바탕 깨침은 처음 깨침을 기다리므로, 자기 성질이 없다.

자기 성질이 없으니 깨침이 있지 않다.

그러나 서로 기다림이 이루어지면, 깨침이 없지 않고,

깨침이 없지 않기 때문에 깨침이라 한다.

이는 자기 성질이 있어서 깨침이라 하는 것이 아니다.

始覺待不 不覺待本 本覺待始 卽無自性

無自性者 則非有覺 然相待成 則非無覺

非無覺故 說名爲覺 非有自性 名爲覺也 (기신소)

(60) 바탕 깨침이 있기 때문에, 본디 못 깨침이 없고,

못 깨침이 없기 때문에, 결국 처음 깨침도 없으며,

처음 깨침이 없기 때문에, 본디 바탕 깨침이 없어서,

드디어 바탕 깨침이 없는 것은

바탕 깨침이 있는 것에서 나온다.

由有本覺故本無不覺 無不覺故終無始覺

無始覺故本無本覺 至無本覺源由有本覺 (기신별기)

(61) 바탕 깨침이 있는 것은, 처음 깨침이 있기 때문이고,

처음 깨침이 있는 것은, 못 깨침이 있기 때문이며,

못 깨침이 있는 것은, 바탕 깨침에 의한다. (…중략…)

곧 모든 법은 없는 것은 아니나 있는 것도 아님을 나타낸다.

有本覺者由有始覺 有始覺者由有不覺

有不覺者由依本覺 卽顯諸法非無非有 (기신별기)

(62) 이제 바탕 깨침(본각)이 불가사의하게 배어드는

힘에 의해서, 싫어하고 좋아하는 마음을 일으켜서는

점점 본바탕으로 나아가,

죽는 모습부터 생기는 모습까지 비로소 그쳐서는,

환하고 크게 깨닫는다(낭연대오).

今因本覺不思議熏 起厭樂心漸向本源

始息滅相乃至生相 朗然大悟覺了自心 (기신소)

(63) 자기 마음은 본디 움직인 적도 없었고,

　　이제는 고요함도 없어서 본디부터 똑같이

　　한결같은 침상에 머물렀음을 모두 깨치는 것이다.

　　금고경에서 "꿈에 큰 강을 건넌 것"에 비유한 것과 같다.

　　마음 바탕을 보아 마음이 언제나 머무는 것이다.

　　本無所動今無所靜 本來平等住一如牀

　　如經所說夢度河喩 得見心性心卽常住 (기신소)

(64) 처음 깨침이 바탕 깨침과 같다.

　　처음 깨침의 4모습이 오직 한마음이며,

　　못 깨침이 곧 바탕 깨침과 같다.

　　따라서 본디부터 평등해서 한 깨침과 같다.

　　以始覺者卽同本覺 始覺四相唯是一心 (기신별기 정리)

　　不覺卽同本覺故言 本來平等同一覺也 (기신별기)

(65) 이른바 못 깨침(불각)의 뜻은

　　진여 법이 하나임을 진실로 알지 못하기 때문에

　　못 깨친 마음이 일어나서 그 생각이 있음을 말하나,

생각은 자기 모습이 없어 바탕 깨침을 떠나지 않는다.

所言不覺義者 謂不如實知眞如法一故

不覺心起而有其念 念無自相不離本覺 (기신론)

(66) 물들고 깨끗한 성질을 떠나야만 모든 공덕을 이룬다.

물들고 깨끗한 성질에 달라붙는 것은

모두 헛된 생각이기 때문이다.

마음의 근원을 깨달았기 때문에 구경각(끝 깨침)이라 하고,

마음의 근원을 깨닫지 못했기 때문에 구경각이 아니라고

한다.

離染淨性成諸功德 著染淨性皆妄想故 (기신별기)

覺心源故名究竟覺 不覺心源非究竟覺 (기신론)

【중생】

(67) 이 법신이 갠지스 모래보다 많은,

가없는 번뇌에 얽매여, 처음이 없는 세상부터

세간에 순응해 따라서,

생사에 오고감을 중생이라 한다.

法身過於恒沙無邊煩惱所纏 無始世來

隨順世間波浪漂流往來生死 名爲衆生 (부증불감경)

(68) 곧 이 법신이 모든 번뇌가 떠돌아다니는 곳이 되어

생사에 오고감을 중생이라 한다.

이 법계가 5길을 흘러 도는 것을 중생이라 하고,

거꾸로 흘러 근원으로 돌아가는 것을 부처라 한다.

卽此法身煩惱所漂 往來生死名爲衆生 (기신소) (열반종요)

法界流轉五道衆生 返流盡源說名爲佛 (이장의) (산일문)

(69) 불가사의한 청정법계를 중생이라 한다.

중생계가 곧 법신이고 법신이 곧 중생계이다.

不可思議淸淨法界 說名衆生 (부증불감경)

衆生界卽法身 法身卽衆生界 (부증불감경)

(70) 깊고 깊은 뜻(심심의)이 곧 첫째가는 뜻의

진리(제일의제)이고, 첫째가는 뜻의 진리가 곧 중생계이며,

중생계가 곧 여래장이고,

여래장이 곧 법신이다.

甚深義是第一義諦 第一義諦是衆生界

衆生界卽是如來藏 如來藏者卽是法身 (부증불감경)

(71) 허공이 가없으므로 세계도 가없고,

세계가 가없으므로 중생도 가없으며,

중생이 가없으므로 마음 움직임의 차별도 가없다.

이를 앎이 일체종지(모든 것을 다 아는 슬기)이다.

虛空無邊世界無邊 世界無邊衆生無邊

衆生無邊心行差別無邊 知是一切種智 (기신론)

(72) (색수상행식) 5덩어리의 빛깔(색)과 마음(심)을 살펴보면

(색성향미촉법) 6대상은 결국 생각할 것이 없다.

마음에도 그 모습이 없어

(시방에서 찾아도) 마침내 찾을 수 없다.

모든 빛깔을 잘게 부숴서 아주 작게 해도 얻을 수 없다.

推求五陰色之與心 六塵境界畢竟無念 (기신론)

心無形相終不可得 摧折諸色極微不得 (기신소)

(73) 법의 본질이 있다고 보는 것(법아견)은

이승의 둔한 뿌리 때문에,

부처는 단지 사람의 본질이 없는 것(인무아)만 이야기하고,

법의 본질이 없는 것은 끝까지 이야기하지 아니했다.

따라서 이승은 법의 본질이 없는 것은 알지 못한다.

法我見者二乘鈍根 故如來但說人無我

不說究竟法無我者 故二乘不知法無我 (기신론)

【부처】

(74) 부처 한 생각은 삼세에 두루 응한다.

응하는 곳에 처음이 없기 때문에 응하는 것도 처음이 없다.

경계가 끝이 없기 때문에 슬기 또한 끝이 없다.

한 생각의 원만한 슬기가 끝없는 삼세이다.

如來一念徧應三世 所應無始能應無始

境無邊故智無邊也 一念圓智無邊三世 (기신소)

(75) 진여 자기의 몸체와 모습은,

일체 불보살 범부에게서 늘고 줆이 없다.

나지도 않고 없어지지도 않아서 결국 한결같다.

성질 스스로에 일체 공덕이 가득하다.

眞如自體相 一切佛菩薩凡夫無有增減

非生非滅畢竟常恒 性自滿足一切功德 (기신론)

(76) 진여가 하는 일은 모든 부처와 여래들이

큰 자비를 내어 사람들을 거두어 교화하는 것이다.

이는 모든 사람들을 취해서 자기 몸과 똑같이 여기기 때문
이다.

그러나 사람들의 모습을 취하지는 않는다.

眞如用者 諸佛如來發大慈悲攝化衆生

取一切衆生如己身故 而亦不取衆生相 (기신론)

(77) 법계는 하나의 모습이고, 부처 몸엔 둘이 없다.

사람들의 진여 법도 몸체 성질은 비고 깨끗하나

한량없는 번뇌의 때가 있어서,

여러 가지 방편으로 익히고 닦아야 깨끗한 법을 얻는다.

法界一相佛體無二 衆生眞如體性空淨 (기신론)

而有無量煩惱染垢 種種方便熏修得淨 (기신론)

(78) 부처 마음(불심)이 모든 헛된 법의 몸체(망법지체)가 되고,

모든 헛된 법(망법)은 부처의 마음 모습(불지심상)이 된다.

모습이 자기 몸체(자체)에 나타나고,

자기 몸체가 자기 모습(기상)을 비춘다.

자기 몸체가 모든 헛된 법을 드러내 비춘다.

佛心爲諸妄法之體 一切妄法佛之心相

相現自體自體照相 自體顯照一切妄法 (기신소)

【유심】

(79) 일체 대상은 본디 한마음이다.

삼계의 모든 법은 오직 마음이 지었다.

마음이 생기면 갖가지 법이 생기고,

마음이 없어지면 갖가지 법이 없어진다.

一切境界本來一心 三界諸法唯心所作 (십지경)

心生則是種種法生 心滅則是種種法滅 (기신론)

(80) 이 마음은 본디부터 자기 성질이 맑고 깨끗하나

무명이 있어서 물든 마음이 있다.

비록 물든 마음이 있으나 (자기 성질은) 언제나 변함이 없다.

따라서 이 뜻은 오직 부처만이 능히 알 수 있다.

是心本來 自性淸淨而有無明有其染心

雖有染心常恒不變 是故此義唯佛能知 (기신론)

(81) 이제 이 마음은, 몸체가 깨끗하면서도 몸체가 물들었고,

마음이 움직이면서도 마음이 조용하다.

물듦과 깨끗함이 둘(다름)이 아니고

움직임과 조용함도 구별이 없다.

둘도 없고 구별도 없으나 하나(같음)도 아니다.

이와 같이 절묘함으로 알기 어렵다.

而今此心 體淨體染心動心靜 染淨無二

動靜莫別無二無別 非一如是絶妙難了 (기신별기)

(82) 물든 마음의 뜻은 번뇌 거리낌(번뇌애)을 말하니,

진여의 근본 슬기를 능히 막기 때문이다.

무명의 뜻은 슬기 거리낌(지애)을 말하니,

세상 자연 업의 슬기를 능히 막기 때문이다.

染心義者名煩惱礙 能障眞如根本智故

無明義者名智礙 能障世間自然業智故 (기신론)

(83) 만약 물이 없어지면 바람의 모습(풍상)은 끊어져 없어진다.

의지하여 머물 데가 없기 때문이다.

그러나 물은 없어지지 않아서

바람의 모습(풍상)이 서로 이어진다.

오직 바람이 없어져야

물의 움직이는 모습(동상)이 따라서 없어진다.

이는 물이 없어지는 것(수멸)이 아니다.

若水滅者風相斷絕無所依止 以水不滅

風相相續 唯風滅故動相隨滅非是水滅 (기신론 정리)

(84) 만약 마음의 몸체가 없어지면

곧 사람들(중생)은 끊어져 없어진다.

의지하여 머물 데가 없기 때문이다.

그러나 마음의 몸체가 없어지지 않아서

중생 마음(심)은 서로 이어진다.

오직 무명(치)이 없어져야만

마음의 모습(심상=중생)도 따라서 없어진다.

이는 마음의 슬기가 없어지는 것(심지멸)이 아니다.

若心體滅衆生斷絕無所依止 以體不滅

心得相續 唯癡滅故心相隨滅非心智滅 (기신론 정리)

(85) 진여의 깨끗한 법은 실제로는 물듦이 없으나,

무명이 배어들기 때문에 물드는 모습(염상)이 있다.

무명의 물드는 법은 실제로는 깨끗한 업이 없으나,

진여가 배어들기 때문에 깨끗함의 작용(정용)이 있다.

眞如淨法實無於染 無明熏習故有染相

無明染法實無淨業 眞如熏習故有淨用 (기신론)

(86) 물드는 법의 배어듦은 진리에 어긋나게 일어났다.

진리와 어긋나기 때문에 다 없어짐이 있다.

깨끗한 법의 배어듦은 진리에 맞게 생겨났다.

진리와 서로 응하기 때문에 다 없어짐이 없다.

染法之熏違理而起與理乖離 故有滅盡

淨法之熏順理而生與理相應 故無滅盡 (기신소)

(87) 물드는 법(염법)이나 깨끗한 법(정법)

모두가 서로 의지하는 것으로 자기 모습이 없다.

일체 모든 법은 빛깔도 아니고 마음도 아니며(비색비심),

슬기도 아니고 가리새도 아니며(비지비식),

있는 것도 아니고 없는 것도 아니어서(비유비무)

모습을 설명할 수가 없다.

染法淨法皆悉相待無有自相 一切諸法

非色非心非智非識非有非無 不可說相 (기신론)

(88) 모든 부처 여래 법신은 평등해서 모든 곳에 두루하나,

　　무엇을 하려는 뜻(작의)이 없다.

　　단지 사람들의 마음에 의해 자연히 나타날 뿐이다.

　　마치 거울과 같다. 만약 때가 있으면 나타나지 않는다.

　　諸佛如來法身平等 徧一切處無有作意

　　但依衆生心自然現 猶如於鏡有垢不現 (기신론)

【수행】

(89) 여러 부처를 공양하는 것이 일만 겁을 지나지 않아도,

　　이 중에는 인연을 만나 역시 마음을 피우기도 하는데,

　　모두 정해진 것이 아니어서, 나쁜 인연을 만나면

　　혹 문득 뒤로 물러서거나 이승의 자리로 떨어진다.

　　供養諸佛未一萬劫 於中遇緣亦有發心

　　悉皆不定遇惡因緣 或便退失墮二乘地 (기신론)

(90) 혹 자리(지) 뛰어넘음을 보이고,

　　혹 아승기 지남을 이야기하지만.

　　실제 보살들의 씨가 되는 바탕과 뿌리는 같다.

　　마음 피우는 것도 곧 같고 증명하는 것 또한 같다.

　　뛰어넘는 법은 없다. 모두 세 번의 아승기겁을 지나야 한다.

　　或示超地或說經祇 而實菩薩種性根等

　　發心則等所證亦等 無超過法皆經三祇 (기신론 정리)

(91) 공덕이 가득 이뤄지면, 색구경처(색계 끝자리, 50)에서

　　모든 세상에서 가장 높고 큰 몸(최고대신)을 나타내 보인다.

　　한 생각에 슬기와 응해, 무명이 문득 없어져서,

　　일체종지(모든 것을 다 아는 슬기)를 이루는,

　　불가사의한 업이 있다.

　　功德成滿色究竟處 示一切世最高大身

　　一念應慧無明頓盡 一切種智不思議業 (기신론)

(92) 법계가 하나의 모습(법계일상)이고,

　　모든 부처 법신이 중생 몸과 평등해서 둘이 없다.

　　진여가 곧 이 삼매의 바탕이므로

　　일행삼매(한 수행의 삼매) 무량삼매(한량없는 삼매)라 한다.

　　法界一相 諸佛法身與衆生身平等無二

　　眞如卽是三昧根本 一行三昧無量三昧 (기신론)

(93) 지난 세상으로부터 내려온 무거운 죄 때문에,

　　사악한 마귀나 여러 귀신들의 괴롭힘과

　　어지럽힘을 받기도 하고,

　　혹은 세상의 일들로 인해 여러 가지로 얽혀서

　　끌려 다니기도 하며, 혹은 병으로 인해 번거로울 때도 있다.

　　從先世來多有重罪 爲邪魔諸鬼所惱亂

　　或爲世間事務種種牽纏 或爲病苦所惱 (기신론)

(94) 좋은 뿌리의 힘이 없다면 여러 마귀에 의해 홀림이 있다.

만약 앉아 있는 중이라면 모습을 나타내어

두렵게 하기도 하고,

혹은 깔끔한 남녀 등의 모습을 나타내기도 한다.

이때 오직 마음뿐임을 생각하면 모습들이 곧 없어진다.

無善根力諸魔所惑 若於坐中現形恐怖

或現端正男女等相 當念唯心境界則滅 (기신론)

(95) 그른 선정(사정) 법을, 만약 가려내지 못하면

마음속에 애착이 생겨 미쳐 날뛰기도 하고,

불에 뛰어들려고 한다.

자기의 죄로 인해 장애가 일어난 것임을 마땅히 알아야 한다.

곧 마땅히 큰 수레의 뉘우치는 법을 부지런히 닦아야 한다.

邪定之法若不識別 心生愛著狂亂赴火

當知因自罪障所發 則應勤修大乘懺悔 (기신소 정리)

(96) 용맹정진하여 낮밤 여섯 시에 모든 부처에게 예를 올리고,

성실한 마음으로 잘못을 뉘우치며,

부처 법을 청해 듣고, 남의 잘됨을 따라 즐거워하며,

깨달음(보리)으로 되돌아가면, 모든 장애가 면해져서,

좋은 뿌리가 더욱 자란다.

勇猛精勤 晝夜六時禮拜諸佛誠心懺悔

勸請隨喜 迴向菩提得免諸障善根增長 (기신론)

(97) 그친다(지)는 말은 일체 모든 대상의 모습(경계상)을

　　　그친다는 말이니 사마타관을 순응해 따르는 것이고,

　　　본다(관)는 말은 인연의 나고 죽는 모습(인연생멸상)을

　　　분별한다는 말이니 비발사나관을 순응해 따르는 것이다.

　　　所言止者謂止一切諸境界相 隨順止觀

　　　所言觀者謂分別因緣生滅相 隨順觀觀 (기신론)

(98) 만약 그침(지)을 닦는다면 조용한 곳(정처)에 머물러,

　　　단정히 앉아, 뜻을 바르게 해야 한다(단좌, 정의).

　　　숨쉬기에도 의하지 않고, 형색形色, 공空, 지수화풍

　　　나아가 보고 듣고 느끼고 앎(견문각지)에도 의하지 않는다.

　　　若修止者住於靜處 端坐正意不依氣息

　　　不依形色於空地水火風 乃至見聞覺知 (기신론)

(99) 옳고 그름의 나뉨은 반드시 집착하느냐 하지 않느냐에 있다.

　　　집착하지 않는 사람은 떨치지 못하는 장애가 없다.

　　　지도론은 말한다.

　　　모든 법의 실제 모습, 그 나머지는 모두 마귀의 일이다.

　　　邪正之分要在著不 不著之者無障不離 (기신소)

　　　智度論云 諸法實相其餘一切皆是魔事 (지도론)

(100) 가고 머물고 눕고 일어나는(행주와기) 모두에서
　　　마땅히 그침과 보기(지관)를 함께 닦아야 한다.
　　　그침과 보기 두 닦음이 이미 서로 이뤄지면,
　　　마치 새의 양 날개 같고 수레의 두 바퀴 같다.
　　　若行若住若臥若起 皆是應當止觀俱行 (기신론)
　　　止觀二行旣必相成 如鳥兩翼似車二輪 (기신소)

(101) 삼천대천세계에 가득 찬 사람들을
　　　가르쳐서 십선十善을 닦게 해도, 밥 한 끼 먹는 동안
　　　이 법을 바르게 생각하는 것만 같지 못해서,
　　　앞의 공덕을 뛰어넘어 비교할 수가 없다.
　　　能化三千大千世界 滿中衆生令行十善
　　　於一食頃正思此法 過前功德不可爲喩 (기신론)

80

3.『대승육정참회』

『대승육정참회大乘六情懺悔』는 여섯 가지 감각, 곧 안이비설신의眼耳鼻舌身意, 보고, 듣고, 맡고, 맛보고, 느끼고, 생각하는 것에 대한 참회이다. 곧 우리 몸을 참회해서 윤회를 벗어나라는 것이다. 죄罪와 업業이 있으면 당연히 벗어나야 한다. 죄업이 없어도 윤회할 수 있다. 따라서 우리 몸을 진실로 참회해야 생사를 벗어날 수 있다.

『대승육정참회』는 1권으로 되어 있는데,『대정신수대장경』45권 921쪽에 실려 있다.

여기서는 원효대사가 4·4조 운율을 살렸다고 보고 역자도 네 글자로 맞추었다. 이기영, 이종찬 교수님 등 여러 분의 번역을 참조했으나 일일이 밝히지 못함을 양해드린다.

【죄업 참회】

(01) 법의 세계에 의지하여 처음 수행하려는 사람은,

　　(가고 서고 앉고 눕는) 4위의威儀에서 한 가지 허튼 일도 없어야 한다.

항상 모든 부처의 불가사의한 덕만 생각하고

항상 참된 모습만을 생각해서

지은 업의 굴레를 차츰차츰 녹여야 한다.

若依法界 始遊行者 於四威儀 無一唐遊

恒念諸佛 不思議德 常思實相 朽銷業障

(02) 모든 부처는 다르지는 않지만

그렇다고 같은 것도 아니다.

하나이면서 모두이고, 모두이면서 하나이다.

비록 머무는 곳은 없으나 그렇다고 머물지 않는 곳도 없고,

비록 하는 일은 없으나 그렇다고 하지 않는 일도 없다.

諸佛不異 而亦非一 一卽一切 一切卽一

雖無所住 而無不住 雖無所爲 而無不爲

(03) 시방(공간적)과 삼세(시간적)는

하나의 대상이고 하나의 생각이며,

삶 죽음(생사)과 벗어남(열반)도

두 가지가 아니고 다른 것도 아니기 때문이다.

큰 자비의 참 슬기란 취하지도 않고 버리지도 않는 것이니,

함께 가질 수 없는 법(부처 법)을

얻어 서로 응하기 때문이다.

十方三世 一塵一念 生死涅槃 無二無別

大悲般若 不取不捨 以得不共 法相應故

(04) 이제 이 자리가 연화장세계라,
노사나불이 연꽃 받침대 위에 앉았다.
가없는 빛을 발하시어 한량없는 중생을 모아서,
굴릴 수 없는 법을 굴리시니
큰 수레(대승) 법의 바퀴(진리)이다.
今於此處 蓮花藏界 盧舍那佛 坐蓮花臺
放無邊光 集無量衆 轉無所轉 大乘法輪

(05) 밝지 못한 것(무명)에 뒤집혀져 헛되이 바깥 대상을 지어서는
나와 내가 있는 곳을 집착하고 갖가지 업을 지었으나,
스스로 잘못을 덮어버려 보지도 못하고 듣지도 못하는 것이,
마치 목마른 귀신이 물가에 이르렀으나
(물을) 불로 보는 것과 같기 때문이다.
無明顚倒 妄作外塵 執我我所 造種種業
自以覆弊 不得見聞 猶如餓鬼 臨河見火

(06) 나와 뭇 중생은 처음이 없는 때로부터
밝지 못한 것(무명)에 취한 바 되어
지은 죄가 한량없습니다.
이미 지은 죄에 대해서는

깊은 부끄러움을 일으키고

아직 짓지 않은 죄에 대해서는

감히 다시는 짓지 않도록 하겠습니다.

我及衆生 無始以來 無明所醉 作罪無量

已作之罪 深生慚愧 所未作者 更不敢作

(07) 이런 모든 죄는 실제로 있는 것이 아니다.

여러 인연이 어우러진 것을 짐짓 업이라 했을 뿐이다.

곧 인연에는 업이 없으며 인연을 떠나도 역시 (업이) 없다.

안에도 없고, 밖에도 없으며, 중간에도 머무르지 않는다.

지난 것은 이미 없어졌고, 미래 것은 아직 생기지 않았으며,

지금 것은 머물러 있지 않기 때문이다.

따라서 (업이) 지어진 적이 없다.

如此諸罪 實無所有 衆緣和合 假名爲業

卽緣無業 離緣亦無 非內非外 不在中間

過去已滅 未來未生 現在無住 故無所作

(08) 본디 없는 것이 지금 있는 것은,

까닭 없이 생긴 것이 아니다.

지은 것도 없고 받아들인 것도 없으나

시절이 어우러졌기 때문에

결과를 받는 것뿐이다. (가짜 죄는 있다)

만약 수행자들이 뉘우친다면,

네 가지 중한 죄나 다섯 가지 반역죄라도

능히 활동하지 못한다.

本無今有 非無因生 無作無受 時節和合

故得果報 行者懺悔 四重五逆 無所能爲

(09) 그러나 만약 그것을 게을리 해서 부끄러워하지 않고

업의 참모습을 생각하지 아니한다면

비록 죄의 본바탕은 없다 하더라도

장차 지옥에 떨어지는 것이

마치 마술사의 호랑이가

도리어 마술사를 삼켜 버리는 것과 같다.

如其放逸 無慚無愧 不能思惟 業實相者

雖無罪性 將入泥梨 猶如幻虎 還呑幻師

【육정참회】

(10) 모든 것은 본디 생기지 않은 것임을 이해하지 못하고,

나와 내가 있는 곳을 헤아려서는

헛된 생각에 뒤집혀졌습니다.

이런 모든 것은 내 마음이 지어낸 것으로

허깨비 같고 꿈과 같아

영원히 있는 곳이 없음을 모른 것입니다.

不解諸法 本來無生 計我我所 妄想顚倒

不知皆是 自心所作 如幻如夢 永無所有

(11) 긴 꿈(윤회) 또한 이와 같다.

　　밝지 못한 것(무명)이 마음을 덮어

　　(인간 축생 등) 6길을 헛되이 지어

　　(나고 죽음 등) 여덟 가지 괴로움에 흘러 다니다가,

　　안으로는 여러 부처님의 불가사의함에 감응하고

　　밖으로는 여러 부처님의 큰 자비로움에 의해서

　　차츰차츰 믿고 이해하게 된다.

　　長夢亦爾 無明覆心 六道八苦 內因諸佛

　　不思議熏 外依諸佛 大悲願力 髣髴信解

(12) 꿈과 같다는 삼매를 점점 닦다 보면

　　생겨나지 않는 법을 얻게 되어

　　긴 꿈(윤회)으로부터 확연히 깨쳐 나오는 것이다.

　　곧 본디부터 영원히 흘러 구른 적이 없었으며

　　단지 한마음이 한결같이

　　침상(마음 바탕)에 누워 있음을 아는 것이다.

　　如夢三昧 得無生忍 從於長夢 豁然而覺

　　卽知本來 永無流轉 但是一心 臥一如床

4.『대혜도경종요』

대혜도大慧度는 대지도大智度와 같은 말이다. 대大는 마하摩訶, 혜慧는 반야般若, 도度는 바라밀波羅密을 옮긴 말이다. 따라서 대혜도, 대지도는 마하반야바라밀摩訶般若波羅蜜, 곧 큰 슬기로 건너가다의 뜻이다.

중국은 대지도大智度라는 말을 많이 쓰는 것으로 보아, 대혜도大慧度는 원효대사가 창안한 말이 아닌가 한다.

『대혜도경종요大慧度經宗要』(1권)는 반야종요般若宗要, 대혜도경추요大慧度經樞要, 마하반야바라밀경종요摩訶般若波羅蜜經宗要라고도 하는데, 다음 경전의 요약이다.

*대품경

①『마하반야바라밀경(대품반야경, 대혜도경)』-구마라습 역, 27권
②『대반야바라밀다경(대반야)』-당唐의 현장玄奘 역, 600권

『마하반야바라밀경摩訶般若波羅蜜』은 구마라습鳩摩羅什이 번역했는데 27권으로 되어 있고, 『대반야바라밀다경大般若波羅蜜多經』은 당唐 현장玄奘이 번역했는데 4처處 16회會 275품品 600권卷 460여만 자字의 방대한 경이다.

이 둘을 합쳐서 흔히 대품경大品經이라 하는데, 원효는 이 두 경전 모두를 보고 종요를 지었다.

또 원효는 용수보살龍樹菩薩이 짓고, 구마라습이 번역한 『대지도론大智度論』100권도 많이 인용한다. 논운論云, 석론운釋論云, 논설운論說云은 모두 『대지도론』을 뜻한다. (『국역 원효성사전서』제2권, 이종익 교수 글 참조)

【반야】

(01) 무릇 반야(슬기)가 지극한 도道다.

　　도이어서 도 아닌 것이 없고,

　　지극해서 지극하지 않은 것이 없으며,

　　고요해서 그윽하지 않은 것이 없고,

　　커서 넓지 않은 것이 없다.

　　夫 波若爲至道也 無道非道 無至不至

　　蕭焉無所不寂 泰然無所不蕩 (종요)

(02) 이에

　　참 모습은 모습이 없어, 모습 아닌 것이 없고

참 비춤은 밝음이 없어, 밝지 않은 것이 없다.

밝음도 없고 밝지 않은 것도 없으니,

누가 어리석은 어두움을 없애고

슬기로운 밝음을 얻겠으며,

모습도 없고 모습 아닌 것도 없으니,

어찌 거짓 이름을 깨트리고

참 모습을 이야기하겠는가?

是知

實相無相故無所不相 眞照無明故無不爲明

無明無不明者 誰滅癡闇而得慧明

無相無非相者 豈壞假名而說實相 (종요)

(03) 이에 곧

거짓 이름과 그릇된 모습이,

참 성질 아닌 것이 없으나,

네 가지 말솜씨로도 능히 그 모습을 이야기하지 못하니

실상반야(참된 모습의 슬기)는 아득하고 또 아득하구나!

탐내어 물듦과 어리석은 어두움이,

모두 슬기로운 밝음이나,

5눈으로도 능히 그 비춤을 보지 못하니

관조반야(비춰 보는 슬기)는 넓고 또 넓구나!

斯則

假名妄相無非眞性 而四辨不能說其相

實相般若玄之又玄之也

貪染癡闇皆是慧明 而五眼不能見其照

觀照波若損之又損之也 (종요)

(04) 이제 이 대혜도경은 반야를 으뜸으로 하나,

이야기할 것도 없고, 보일 것도 없으며,

들을 것도 없고, 얻을 것도 없어,

모든 우스운 논리의 말씀을 끊는다.

보일 것이 없기 때문에 보지 못할 것도 없고,

얻을 것이 없기 때문에 얻지 못할 것도 없다.

육바라밀 만 가지 수행이 이에 가득해지고,

5눈(眼) 만 가지 덕이 이를 좇아 생겨난다.

보살을 이루는 요긴한 곳간이요,

모든 부처의 참된 어머니다.

今是經者波若爲宗

無說無示無聞無得 絶諸戱論之格言也

無所示故無所不示 無所得故無所不得

六度萬行於之圓滿 五眼萬德於從是生

成菩薩之要藏也 諸佛之眞母也 (종요)

90

【석가】

(05) 이에

무상법왕(부처님)이 장차 이 경을 말씀하시려

반야를 존중해 친히 스스로 자리를 펴고 앉으셨다.

하늘이 4꽃을 비 뿌려서 공양했고,

땅이 6변화를 움직여서 놀라며 기뻐했다.

시방 대선비가 바깥 끝에 있다가 멀리서 오고,

2세계 천인이 높은 빛에서 내려와 멀리서 이르렀다.

상제보살이 칠 년을 서 있으나,

뼈마디가 끊어지는 것도 돌보지 않았고,

하천(갠지스강 여신)이 한 자리에서 듣고

문득 깨침(보리)의 약속을 얻었다.

所以

無上法王將說是經 尊重波若親自敷坐

天雨四華以供養 地動六變而警喜

十方大士最在邊而遠來

二界諸天下高光而遐至

常啼七歲立之 不顧骨髓之摧

河天一座聞之 便得菩提之記 (종요)

(06) 나아가

요임금 순임금이 천하를 덮고,

주공과 공자가 뭇 선비의 으뜸이 되어,

모든 하늘을 이야기해 가르쳤으나,

감히 하늘의 법칙을 거역할 수 없었다.

이제 우리 법왕의 반야 참 경전을

모든 하늘이 받들고 우러러 믿으니,

부처의 가르침을 감히 어길 수 없기 때문이다.

이에 이것(부처)을 가까이하고,

저것(공자)을 멀리 보낸다.

어찌 같은 해로서 이야기할 수 있겠는가?

至如

唐虞之蓋天下 周孔之冠群仙

而猶諸天設教 不敢逆於天則

今我法王波若眞典 諸天奉而仰信 不敢違於佛敎

以此而近去彼遠矣 豈可同日而論乎哉 (종요)

(07) 따라서

네 구절만 믿어서 받아도 복이 하늘처럼 넓어,

항하恆河 모래 같은 몸과 목숨을 버린다 해도

능히 견줄 수가 없고,

헐뜯는 한 생각만 일으켜도 죄가 오역五逆처럼 중해서,

천겁을 무간지옥에 떨어져도

오히려 능히 갚지 못한다.

爾乃

信受四句福廣虛空 捨恆沙之身命所不能况

起謗一念罪重五逆 墮千劫之無間猶不能償 (종요)

【경 이름】

(08) 마하반야바라밀이란 말은 모두 저쪽(인도) 말이다.

　　　우리말로 옮기면 대, 혜, 도(큰, 슬기로, 건너감)이다.

　　　알 것이 없어 알지 못할 것도 없기 때문에

　　　슬기라 하고,

　　　이를 곳이 없어 이르지 못할 곳도 없기 때문에

　　　건넌다고 한다.

　　　진실로 이러하기 때문에 하지 못하는 것이 없어,

　　　능히 위없이 큰 사람(무상대인)을 낳아,

　　　능히 가없이 큰 결과(무변대과)를 나타냈다.

　　　이 뜻 때문에 대혜도라 한다.

　　　所言摩訶般若波羅蜜者

　　　皆是彼語此土譯之云大慧度

　　　由無所知無所不知故名爲慧

　　　無所到故無所不到乃名爲度

　　　由如是故無所不能 能生無上大人

　　　能顯無邊大果 以此義故名大慧度 (종요)

(09) 경이란 말은 항상하다는 것이고, 법이라는 것이다.

　　항상 머물지만 있는 것이 없기 때문에,

　　선대 어진 이나 후대 성인의 한결같은 규범이고,

　　법의 모습은 결국 비었기 때문에,

　　거꾸로 흘러 근원으로 돌아가는 참 법칙이다.

　　所言經者常也法也

　　常住無所有故 先賢後聖之常軌也

　　法相畢竟空故 反流歸源之眞則也 (종요)

【수행】

(10) 일체 중생이 처음이 없는 때부터

　　번뇌로 병들었으나 능히 고치는 사람이 없었다.

　　내가 이제 세상에 나와 대의왕大醫王이 되어,

　　모든 법이란 약을 모아 마땅히 그대들에게 먹이겠다.

　　一切衆生無始已來 爲結使病無人能治

　　我今出世爲大醫王 集諸法藥汝等當服 (대지도론)

(11) 논은 말한다. "보살이 삼매(고요함)에 있는 것을

　　삼세 모든 부처의 삼매를 본다고 한다.

　　이 삼매에 들어가면

　　모두 삼세 모든 부처를 보고 그 설법을 듣는다."

　　論曰菩薩有三昧者 名觀三世諸佛三昧

入是三昧者 卽皆見三世諸佛聞其說法 (논)

(12) 첫째는 나고 죽는 이쪽 언덕에서, 열반인

저쪽 언덕에 이르기 때문에 저 언덕에 이른다고 한다.

둘째는 모습이 있는 이쪽 언덕에서, 모습 없는

저쪽 언덕에 이르기 때문에 저 언덕에 이른다고 한다.

셋째는 가득하지 않은 슬기인 이쪽 언덕에서, 끝 되는 슬기인

저쪽 언덕에 이르기 때문에 저 언덕에 이른다고 한다.

넷째는 이쪽저쪽이 있는 언덕에서, 이쪽저쪽이 없는 언덕에

이르러,

이를 곳이 없기 때문에 저쪽 언덕에 이른다고 한다.

一從生死此岸到涅槃彼岸 故名到彼岸

二從有相此岸到無相彼岸 故名到彼岸

三從未滿智此岸到究竟智彼岸 故名此

四從有此彼岸到無彼此岸無所到 故名 (종요 정리)

(13) 대지도론은 말한다. "어떤 사람이

부처를 의심하면 일체지一切智를 얻지 못한다.

왜냐? 모든 법은 양도 없고 수도 없는데

어떻게 이 한 사람이 능히 일체 법을 알겠는가?"

論云 若有人疑佛不得一切智所以者何

諸法無量無數 云何一人能知一切法耶 (대지도론)

【허망】

(14) 부처는 삼세의 길고 먼 시간이

　　　극히 짧은 한 생각 무렵이어서,

　　　긴 시간을 짧게 할 수도 없고,

　　　생각을 길게 할 수도 없음을 안다.

　　　따라서 저 소리가 지금에 이름을 안다.

　　　한량없고 수없는 시간도

　　　곧 한 생각 무렵이다.

　　　그러나 오랜 시간을 짧게 해서

　　　마지막 찰나법이 되게 하는 것은 아니다.

　　　佛知三世長遠之劫 卽是極促一念之頃

　　　不令劫促不令念長 是故當知彼聲至今 (종요)

　　　無量無數劫 卽是一念頃

　　　亦不令劫短 究竟刹那法 (화엄경) (이장의)

(15) 만약 실제 사람이 있다면 이는 늘어남에 치우침(증익변)이고,

　　　만약 도무지 사람이 없다면 이는 줄어듦에 치우침(감손변)

　　　이다.

　　　인연 따라 있기 때문에 줄어드는 치우침을 떠나고,

　　　다른 성질도 없기 때문에 늘어나는 치우침도 떠난다.

　　　일체 법은 모두 성질이 항상 비었다.

　　　나아가 열반 또한 모두 변화한 것과 같다.

새로 뜻을 내는 보살은 이를 듣고 마음으로 두려워하므로,

나고 죽지 않음은 변화하는 것과 같지 않다고 했다.

若實有人是增益邊 若都無人是損減邊

從緣有故離損減邊 無別性故離增益邊

一切法皆是性常空 乃至涅槃亦皆如化

新發意者聞此心怖 說不生滅者不如化 (종요)

(16) 수보리가 여쭈었다. 세존께서는 어떻게

이 보살로 하여금 이 성질이 비었음을 알게 하십니까?

이때 부처가 수보리에게 말했다.

이 모든 법은 먼저 있다가 지금 없는 것인가?

須菩提言世尊云何 令此菩薩知是性空

爾時佛告須菩提子 是諸法先有今無邪 (대품경) (종요)

(17) 일체 모든 법이 남도 없고 죽음도 없다.

나아가 열반도 자기 성질이 없는 성질이다.

생사와 열반은 모두 허망하다.

어리석음과 슬기로움도 이러하다. 모두 진실이 없다.

一切諸法無生無滅 乃至涅槃無自性性 (종요 정리)

生死涅槃是悉虛妄 愚智如是皆無眞實 (화엄경)

(18) 빛깔, 받아들임, 생각(색수상) 등은 허깨비 같고 꿈과 같다.

나아가 열반도 허깨비 같고 꿈과 같다.

만약 법에 마땅히 뛰어난 열반이 있다고 한다면,

나는 또 다시 허깨비 같고 꿈과 같다고 말할 것이다.

色受想等如幻如夢 乃至涅槃如幻如夢

若當有法勝涅槃者 我說亦復如幻如夢 (대품경)

【화합】

(19) 모든 스승의 말씀이 모두 진실이다(제설개실).

왜냐? 모두 성전과 어긋나지 않기 때문이다.

모든 법의 진실한 모습은 모든 우스운 논리를 끊는다.

도무지 그런 것도 없고, 그렇지 않은 것도 없기 때문이다.

諸說皆實所以然者 皆是聖典不相違故

諸法實相絶諸戲論 都無所然無不然故 (종요)

(20) 500비구가 각각 두 가지 치우침과 중도中道의 뜻을 말했다.

모두 도리가 있다.

부처가 도를 얻은 밤부터 열반하신 밤까지,

이 두 밤 사이에 말씀하신 경의 가르침 일체 모두가 진실
이다.

五百比丘各各說二邊中道義 皆有道理 (종요)

初夜至夜二夜中間 所說經教一切皆實 (이야경)

5.『미륵상생경종요』

『미륵상생경彌勒上生經』의 갖춘 이름은 "불설관미륵보살상생도솔
타천경佛說觀彌勒菩薩上生兜率陀天經"이다. 미륵보살반열반경, 관미
륵상생경, 관미륵경, 상생경이라고도 하는데, 미륵삼부경彌勒三部
經의 하나이다.

미륵삼부경彌勒三部經은『미륵상생경彌勒上生經』(1권, 유송劉宋의
저거경성沮渠京聲 역),『미륵하생경彌勒下生經』(1권, 서진西晉의 축법호
竺法護 역),『미륵성불경彌勒成佛經』(1권, 후진後秦의 구마라습鳩摩羅什
역)이다.

미륵보살彌勒菩薩은 미륵불彌勒佛, 자씨慈氏, 자씨보살慈氏菩薩, 자
씨각사慈氏覺士, 일생보처보살一生補處菩薩, 아일다阿逸多 등으로 불
리는데, 어진시대(현겁, 현재시대) 천 부처 중 다섯 번째 여래이다.

미륵보살은 석가모니불의 뒤를 이어 인간을 구제하기 위해 인
간세계로 내려오기로 예정되었는데, 그가 인간세계에 내려오기
전 법을 설하는 곳이 도솔천兜率天, 일명 지족천知足天이고, 미륵이
어떻게 중생을 제도할까 고뇌하는 모습이 미륵반가사유상彌勒半跏

思惟像이다.

　이때 내가 도솔천에 태어나서 미륵의 설법을 듣고 성불하기 바라는 것이 『미륵상생경』이고, 후에 미륵이 인간세계에 내려와 용화수龍華樹 나무 아래에서 세 번 설법하여 인간을 구제할 때, 내가 그 시대에 태어나 미륵의 설법을 듣고 성불하기 바라는 것이 『미륵하생경』이다.

【대의】

(01) 대개 미륵보살의 사람됨을 들어보니

　　가깝고 멂을 헤아릴 수 없고, 깊고 얕음도 재어볼 수가 없다.

　　처음도 없고 끝도 없으며, 마음도 아니고 빛깔도 아니다.

　　천지도 능히 그 공을 다 싣지 못하고,

　　우주도 능히 그 덕을 다 담지 못한다.

　　8성인(8성)도 일찍이 그 자취를 엿보지 못했고,

　　일곱 가지 말솜씨(7변)도 만족히 그 끝을 말하지 못했다.

　　멀기도 멀고, 그윽하기도 그윽하며,

　　말도 아니고, 침묵도 아니다.

　　蓋聞 彌勒菩薩之爲人也

　　遠近莫量 深淺莫測 無始無終 非心非色

　　天地不能載其功 宇宙不能容其德

　　八聖未嘗窺其迹 七辨無足談其極

　　窈窈冥冥 非言非黙 (종요)

100

(02) 그러나

　　둘레 없이 높은 산도, 그 자취를 밟을 수 있고

　　파도치는 깊은 못도, 그 지역을 건널 수 있다.

　　이에

　　지극한 사람의 그윽함도, 오히려 살펴볼 자취가 있고,

　　그윽한 덕의 멂도, 건널 수행이 없지 않음을 알 수 있다.

　　이제 자취와 지역의 가까운 흔적을 따라서

　　처음과 끝의 먼 뜻을 성실하게 말해본다.

　　然

　　不周之山之高 其跡可跋 潮汐之池之深 其疆可涉

　　是知

　　至人之玄 猶有可尋之跡 玄德之邈 非無可度之行

　　今隨跡疆之近蹤 誠論始終之遠趣 (종요)

(03) 그 처음으로 말하자면,

　　자비로운 고요의 밝은 빛에 감응하여

　　넓게 건너는 도의 마음을 피워서는,

　　팔선정(팔해) 맑은 물에 목욕하고

　　7깨침(칠각) 동산의 숲에 휴식한다.

　　네 가지 평등(사등)한 마음으로

　　네 가지 태어남(사생)을 고루 보살펴서

　　세 가지 밝음(삼명)의 슬기로

삼세계(삼계)를 밝게 인도한다.

言其始也

感慈定之光熾 發廣度之道心

浴八解之清流 息七覺之苑林

四等之情 等閏四生 三明之慧 明導三界 (종요)

(04) 그 끝으로 말하면,

괴로움의 바다를 법의 구름으로 건너

고른 깨침을 긴 꿈에서 피워서는,

2장애(이장)의 무거운 어두움을 물리치고

4슬기(사지)의 밝은 거울을 비춰본다.

6신통(육통)의 보배 수레를 타고

8방향(팔극)의 넓은 들판에 노니니,

천 가지 응하고 만 가지 변하는 술법이

어찌 수백억 가지뿐이겠는가?

論其終也

度苦海於法雲 發等覺於長夢

却二障之重闇 照四智之明鏡

乘六通之寶車 遊八極之曠野

千應萬化之術事 喆百億之域哉 (종요)

【제목 풀이】

(05) 이제 이 경은 곧

지극한 사람(석가)이 하늘에 드리운 묘한 자취와

만물에게 보기 닦기를 권하는 참된 가르침을 기렸다.

미륵보살, 이분은 자씨각사라 하는데,

어진 시대 천 부처 안에서는 그 다섯 번째 여래이다.

불사부처 시대에 먼저 자비 선정을 닦았고,

뒤에 그 마음을 닦아 드디어 한결같은 성품을 이루었다.

이때부터 매번 자씨라 불렀으나

부처가 되어서는 오히려 이 (미륵) 이름을 세웠다.

今此經者 斯乃略歎

至人垂天之妙迹 勸物修觀之眞典

彌勒菩薩者 此云慈氏覺士

賢劫千佛之內 是其第五如來

弗沙佛時 先習慈定 後修其心 遂成常性

從此已來 每稱慈氏 乃至成佛 猶立是名 (종요)

(06) 도솔타란 번역하면 지족(만족함을 앎)이니

욕계 여섯 하늘 중 그 넷째 하늘이다.

아래 세 하늘은 가라앉으니 욕심 생각이 무겁고,

위 두 하늘은 들뜨니 안일한 마음이 많다.

이 넷째 하늘은 욕심도 가볍고 안일함도 적어

가라앉지도 않고 들뜨지도 않으며,

티끌세계에 휩쓸리지 않기 때문에, 지족知足이라 한다.

兜率陀者 譯言知足

欲界六天之中 是其第四天也 下三沈欲情重 上二浮逸心多

此第四天 欲輕逸少 非沈非浮 莫蕩於塵 故名知足 (종요)

(07) 모든 쓰는 도구들을 만들지 아니해도

생각 따라 저절로 되기 때문에, 천天이라 한다.

보살이 인간에서 하늘에 오르기 때문에,

상생(위에 태어남)이라 하고

닦는 이가 조용히 생각하고 깊이 살피니,

이를 관(보기)이라 한다.

금 같은 입(부처님 입)을 열어 구슬 말씀을 펴서는

법의 비를 흠뻑 뿌려 윤택하게 하여

부처 씨가 화려한 열매를 맺게 하시기 때문에,

불설(부처님 말씀)이라 한다.

諸受用具 不待營作 隨念自然 故名爲天

菩薩從人昇天 故曰上生 行者靜慮思察 名之爲觀

開金口演玉句 澍法雨之沃閏 成佛種之華菓 故言佛說 (종요)

(08) 만약 사람들이 이 경을 받아 지녀서 저 하늘을 살펴본다면

곧 능히 묘한 즐거움이 있는 깨끗한 곳에 태어나,

자씨의 지극한 사람됨을 이어받고,

한없는 성인의 단계에 올라

죽음이 있는 범부 티끌세상을 아주 물리친다.

이 큰 뜻을 들어 제목으로 삼았기 때문에

불설관미륵보살상생도솔타천경(부처가 말씀하신

미륵보살이 위 도솔천에 태어남을 보신 경)이라 했다.

若人受持此經 觀察彼天 則能

生妙樂之淨處 承慈氏之至人 登無退之聖階 謝有死之凡塵

擧是大意 以標題目 故言 佛說觀彌勒菩薩上生兜率陀天經 (종
요)

【내용】

(09) 옷을 꿰맬 때는 짧은 바늘을 쓰지, 긴 창은 소용이 없다.

비를 피할 때는 작은 우산을 쓰지,

하늘 덮는 것을 찾지 않는다.

따라서 작다고 가벼이 할 수 없다.

그 뿌리의 성질을 따르면

큰 것(대승) 작은 것(소승) 모두 보배이다.

縫衣短針長戟無用 避雨小蓋普天無救

是故不可以小爲輕 隨其根性大小皆珍 (종요)

(10) 미륵보살은 석가가 돌아가신 후 네 번째 하늘(도솔천)에

태어난다. 수명이 4천 살이고, 하루가 4백 년이니,

합쳐 57억 6백만 살이다.

염부제로 내려와 고르고 바른 깨침(등정각)을 이룬다.

彌勒佛滅生第四天 壽四千歲一日四百

合五十七億六百萬 下閻色提成等正覺 (잡심론)

(11) 그대는 즐거운 나라에 태어나리라.

나의 많은 괴로움과 같지 않다.

그대는 법을 쉽게 말하리라. 나는 법을 어렵게 말했다.

그대는 처음 96억 명에게 말하고,

두 번째는 94억 명에게 말하며,

세 번째는 92억 명에게 말할 것이다.

나는 처음 12명에게 말했고,

두 번째는 24명에게 말했으며, 세 번째는 36명에게 말했다.

汝生樂國不如我苦 汝說法易我說法難

汝初說九十六億 次九十四參九十二億

我初說十二人 次說二十四參說三十六 (보살처태경)

(12) 모든 부처는 겁이 내려가는 시기에 나오신다.

어째서 겁이 오르는 시기에는 나오시지 않습니까?

100살에서 10살로 줄어들면,

괴로움을 떨치기 싫어함이 무거워

당연히 아주 쉽게 (다른 것으로) 바뀌 태어난다.

다섯 가지 탁함(오탁)이 불처럼 무성하기 때문이다.

諸佛爲劫下時出世 何不出世於劫上時

從百至十厭離苦重應最易生 五濁熾盛 (구사론)

6. 『미타증성게』, 『징성가』

원효대사는 「미타증성게彌陀證性偈」와 「징성가澄性歌」라는 두 가지 정토송을 남겼는데, 아미타불 본성 깨침의 노래, 본바탕을 맑게 하는 노래 정도로 풀이된다.

『미타증성게』는 고려 보조국사普照國師 지눌〔知訥, 의종 12년 (1158)~희종 6년(1210)〕 스님의 『법집별행록절요병입사기法集別行錄節要并入私記』에 나온다(『한국불교전서』 1권, 843쪽 및 4권, 753쪽 1단).

『징성가澄性歌』는 최자崔滋가 지은 고려 원묘국사圓妙國師 요세〔了世, 의종 17년(1163)~고종 32년(1245)〕 스님의 비문인 만덕산백련사원묘국사비명萬德山白蓮社圓妙國師碑銘에 나온다(『동문선』 제117권).

이 둘이 같은 것이라 주장하는 학자도 있고, 다른 것이라 주장하는 학자도 있다. 여기서는 다른 것으로 보았다.

【미타증성게】

(01) 지난날 과거 멀고 먼 세상에

한 사람 높은 선비가 있었으니 이름이 법장이었다.

처음으로 위없는 깨침의 마음을 피워서

속됨을 벗어나 도에 들어가서 모든 모습을 깨트렸다.

비록 한마음에 두 모습이 없음을 알았으나,

뭇 중생이 괴로움의 바다에 빠진 것을 불쌍히 여겼다.

〈이에〉 48가지 뛰어넘는 큰 바람(원)을 일으켰으니,

깨끗한 업을 모두 닦아 모든 더러움을 떨치게 하기 위해서다.

乃往過去久遠世　有一高士號法藏

初發無上菩提心　出俗入道破諸相

雖知一心無二相　而愍群生沒苦海

起六八大超誓願　具修淨①業離諸穢 (①業, 일설 行)

【노래 가사】(미타증성게를 노래한 것)

(02) 까마득히 오랜 예전, 멀고 먼 한 세상에

높은 선비 계셨으니, 이름하여 법장비구.

처음으로 더 위없는, 높은 깨침 피워서는

속됨 나와 도에 드셔, 모든 모습 깨트렸네.

한마음에 둘이 없음, 비록 모두 깨쳤지만,

고해 빠진 중생들을, 불쌍히도 여겼구나.

사십팔원 원을 내어, 구제하기 맹세하니,

깨끗한 업 모두 닦아, 모든 번뇌 떨치소서.

【징성가】

(03) 법계의 몸체 모습은 생각하기 어렵다.

　　그윽해서 함도 없고 함이 없음도 없다.

　　순리대로 저 부처의 몸과 마음에 이르면,

　　반드시 저 나라에 태어나리라.

　　法界身相難思議 寂然無爲無不爲

　　至以順彼佛身心 故必①獲已生彼國 (①不 있음, 역자 생략)

7.『발심수행장』

인간은 기회의 순간이다. 천당으로 올라갈 수도 있고 축생으로 떨어질 수도 있다.

단계로 말하면 인간은 중간이 못 된다. 불佛, 보살菩薩, 연각緣覺, 성문聲聞, 천天, 인간人間, 수라修羅, 축생畜生, 아귀餓鬼, 지옥地獄의 10단계 중 여섯 번째이다.

수라를 인간으로 본다면, 인간 바로 위가 천당이고, 바로 아래가 축생이다. 위태롭기 그지없다.

이 여섯 번째 인간으로 태어나기도 결코 쉽지 않다. 지난날 한량없이 쌓은 선행의 덕이 있어야 한다. 따라서 이 다음 생애에 인간으로 태어난다는 보장은 더욱 없다. 자칫하면 아래로 떨어진다. 한 세상 살면서 좋은 일도 하지만, 나쁜 일도 할 수 있기 때문이다.

지금 생애를 기회로 잡아야 한다. 선행을 쌓아 다음 생애에는 천당에 태어나야 한다. 원효는『발심수행장』에서 사람들이 이러한 사실을 깨치지 못함을 한탄한다.

【본문】

(01) 부처님이 부처세계, 장엄하게 꾸몄음은,
　　 한량없는 세월 동안, 욕심 끊고 닦은 덕분.
　　 중생들이 불타는 집, 돌아가며 드나듦은,
　　 한량없는 세월 동안, 욕심내어 좇은 덕분.
　　 諸佛諸佛 莊嚴寂滅 於多劫海 捨欲苦行
　　 衆生衆生 輪廻火宅 於無量世 貪欲不捨

(02) 하늘나란 막지 않으나, 가는 이가 적은 것은,
　　 제 스스로 삼독 번뇌, 집안 보배 삼은 까닭.
　　 악한 세상 꾀지 않으나, 가는 이가 많은 것은,
　　 부질없는 사대오욕, 마음 보배 삼은 까닭.
　　 無防天堂 少往至者 三毒煩惱 爲自家財
　　 無誘惡道 多往入者 四蛇五欲 爲妄心寶

(03) 누구든지 깊은 산속, 도 닦기를 바라지만,
　　 나아가지 못하는 건, 온갖 애욕 매인 까닭.
　　 산속으로 돌아가서, 마음 닦지 아니해도,
　　 자기 능력 닿는 대로, 좋은 수행 닦으시오.
　　 人誰不欲 歸山修道 而爲不進 愛欲所纏
　　 然而不歸 山藪修心 隨自身力 不捨善行

112

(04) 나의 즐거움 버리면은, 공경됨이 성인 같고,

　　힘든 수행 닦으면은, 존중됨이 부처 같아.

　　재물 탐냄 재물 아낌, 이야말로 마귀 무리,

　　사랑하고 베푸는 것, 이야말로 법의 왕자.

　　自樂能捨 信敬如聖 難行能行 尊重如佛

　　慳貪於物 是魔眷屬 慈悲布施 是法王子

(05) 높은 산속 험한 바위, 슬기론 이 터 잡는 곳,

　　푸른 솔밭 깊은 골짝, 도 닦는 이 머무는 곳.

　　배고프면 열매 따서, 주린 창자 달래주고,

　　목마르면 개울물로, 목마름증 식혀준다.

　　高岳峨巖 智人所居 碧松深谷 行者所棲

　　飢餐木果 慰其飢腸 渴飮流水 息其渴情

(06) 맛난 음식 보양해도, 이 몸 필히 부서지고,

　　편안하게 보호해도, 목숨 필히 끝나기만.

　　메아리친 바위굴을, 염불하는 도량 삼고,

　　슬피 우는 기러기를, 마음속의 벗을 삼아.

　　喫甘愛養 此身定壞 著柔守護 命必有終

　　助響巖穴 爲念佛堂 哀鳴鴨鳥 爲歡心友

(07) 절하는 무릎 얼음 되도, 불 쬘 생각 아니 내고,

주린 창자 끊어져도, 먹을 생각 아니 내네.
어느 결에 백 년인데, 어찌 해서 공부 않고,
한세상이 얼마라고, 닦지 않고 허송하나.
拜膝如氷 無戀火心 餓腸如切 無求食念
忽至百年 云何不學 一生幾何 不修放逸

(08) 마음 애착 버리는 이, 사문이라 이름하고,
세속 인연 버리는 이, 출가자라 이름한다.
도 닦는 이 걸친 비단, 개가 입은 상피가죽,
도 닦는 이 품은 연정, 쥐 집에 든 고슴도치.
離心中愛 是名沙門 不戀世俗 是名出家
行者羅網 狗被象皮 道人戀懷 蝟入鼠宮

(09) 재주 슬기 있다 해도, 세속 집에 머문다면,
부처들은 이 사람을, 근심하고 우려하네.
도 닦음이 없다 해도, 깊은 산속 머문다면,
성인들은 이 사람을, 기뻐하고 좋아하네.
雖有才智 居邑家者 諸佛是人 生悲憂心
設無道行 住山室者 衆聖是人 生歡喜心

(10) 재주 배움 있다 해도, 계율 닦음 없다면은,
보물 장소 끌어줘도, 일어나서 안 가는 것,

부지런히 닦지만은, 슬기 만약 없다면은,
동쪽으로 가려면서, 서쪽으로 향하는 것.

雖有才學 無戒行者 如寶所導 而不起行
雖有勤行 無智慧者 欲往東方 而向西行

(11) 슬기론 이 닦는 수행, 쌀을 삶아 쌀밥 짓기,
무지한 이 닦는 수행, 모래 삶아 쌀밥 짓기.
쌀밥 먹어 주린 창자, 달랠 줄은 다 알지만,
법을 배워 어리석음, 고칠 줄은 모르도다.

有智人行 蒸米作飯 無智人行 蒸沙作飯
共知喫食 而慰飢腸 不知學法 而改癡心

(12) 닦음 슬기 갖춰지면, 수레 양쪽 바퀴 같고,
나도 위함 너도 위함, 새의 양쪽 날개 같네.
시주 받고 축원해도, 참된 뜻을 모른다면,
시주하신 분들에게, 어찌 아니 수치겠소.

行智俱備 如車二輪 自利利他 如鳥兩翼
得粥祝願 不解其意 亦不檀越 所羞恥乎

(13) 공양 받고 목탁 쳐도, 참된 뜻에 못 미치면,
현인성인 여러분께, 어찌 아니 수치겠소.
미물들의 분별없음, 사람들이 미워하듯,

사문들의 분별없음, 현인성인 싫어하오.
得食唱唄 不達其趣 亦不賢聖 應慚愧乎
人惡尾蟲 不辨淨穢 聖憎沙門 不辨淨穢

(14) 세상만사 버리고서, 하늘나라 오르려면,
가장 좋은 사다리가, 계율이니 닦으시오.
온갖 계율 깨뜨리고, 남의 복밭 되겠단 건,
날개 꺾인 까마귀가, 거북 업고 하늘 날기.
棄世間喧 乘空天上 戒爲善梯 應當行戒
是故破戒 爲他福田 如折翼鳥 負龜翔空

(15) 자기 죄를 못 벗으면, 남의 죄도 못 벗기지.
계율 닦음 없으면서, 남의 공양 어찌 받소.
닦음 없는 헛된 이 몸, 돌보아도 소용없고,
덧없고 뜬 이내 목숨, 아껴봐야 못 지키네.
自罪未脫 他罪不贖 豈無戒行 受他供給
無行空身 養無利益 無常浮命 愛惜不保

(16) 용상공덕 바라거든, 괴로움을 오래 참고,
사자자리 않으려면, 욕심 즐검 등져야 해.
도 닦는 이 맑은 마음, 여러 천신 기려주나,
도 닦는 이 남녀 생각, 착한 신들 떠나간다.

望龍象德 能忍長苦 期獅子座 永背欲樂
行者心淨 諸天共讚 道人戀色 善神捨離

(17) 몸은 문득 흩어져서, 오래 있지 아니한다.
어쩌면은 오늘 저녁, 어쩌면은 내일 아침
세상 즐검 뒤엔 괴롬, 어찌해서 달라붙고,
한 번 참음 오래 즐검, 어찌해서 닦지 않나.
四大忽散 不保久住 今日夕矣 頗行朝哉
世樂後苦 何貪着哉 一忍長樂 何不修哉

(18) 도 닦는 이 탐내는 것, 닦는 이의 수치거리,
집 떠난 이 부자란 것, 군자들의 웃음거리.
핑계 말이 끝없으니, 탐해 붙음 끝이 없고,
다음 말도 끝없으니, 애착함을 못 끊는다.
道人貪是 行者羞恥 出家富是 君子所笑
遮言不盡 貪着不已 第二無盡 不斷愛着

(19) 이런 일이 한없으니, 세상일을 못 떨치고,
저런 꾀가 끝없으니, 끊을 마음 못 내도다.
오늘 다함 없었으니, 나쁜 일은 날로 늘고,
내일 다함 없을 테니, 좋은 일은 날로 준다.
此事無限 世事不捨 彼謀無際 絶心不起

今日不盡 造惡日多 明日無盡 作善日少

(20) 올해 다함 없었으니, 번뇌 망상 한이 없고,
  담해 다함 없을 테니, 깨침세계 못 나간다.
  시간시간 자꾸 흘러, 하루하루 훌쩍 가고,
  하루하루 자꾸 흘러, 한 달 한 달 훌쩍 간다.
  今年不盡 無限煩惱 來年無盡 不進菩提
  時時移移 速經日夜 日日移移 速經月晦

(21) 한 달 한 달 자꾸 흘러, 어느 결에 한 해의 끝,
  한 해 한 해 자꾸 흘러, 어느 결에 죽음 문턱,
  깨진 수렌 갈 수 없고, 늙은이는 닦지 못해.
  누우면은 게으름뿐, 앉으면은 어지럼뿐.
  月月移移 忽來年至 年年移移 暫到死門
  破車不行 老人不修 臥生懈怠 坐起亂識

(22) 인생길이 얼마라고, 닦지 않고 허송하며,
  헛된 몸이 얼마 산다, 일생 한 번 닦지 않나.
  지금 몸은 끝이 있어, 다음 몸은 어쩔 텐가.
  급하구나 급하구나, 어찌 아니 급하겠나.
  幾生不修 虛過日夜 幾活空身 一生不修
  身必有終 後身何乎 莫速急乎 莫速急乎

8. 『범망경보살계본사기』

『범망경보살계본사기梵網經菩薩戒本私記』는『범망경』의「보살계본」
에 대하여 사사로이 쓴 것(私記)이란 말이다.

본디『범망경』은 61품 112권의 큰 경이다. 이 중 제10 보살심지
품菩薩心地品을 별도로 뽑아, 구마라습鳩摩羅什이 상하 2권으로 번
역하였는데, 상권은 보살심지법문(보살의 마음자리 법)을 밝혔고,
하권은 보살계상(보살의 계율 모습)을 밝혔다.

이 중 하권이 중요하여 특별히『보살계본(菩薩戒本, 다라계본多羅
戒本)』이라 한다.『보살계본』은 이 외에도 담무참曇無讖이 번역한
『달마계본達磨戒本』이 있다.

원효는 하권, 곧『보살계본(다라계본)』을 다시 상하上下 2권으로
나누어 사사로이 풀이했는데(私記), 이 중 현재 남아 있는 것은 상
권上卷의 일부분(?)뿐이다. 곧 열 가지 무거운 계율(10중계)과 48가
지 가벼운 계율(48경계) 중 앞의 10중계十重戒만 남아 있다.

*『보살계본』 4종(『보살계본지범요기』 해설 참조)

　제10 보살심지품 하권(구마라습) … 다라계본 ········10중계, 48경구계
　보살지지경 초록(담무참) ············· 달마계본 ········4바라이, 41경구계
　유가처계품 초록(현장) ················ 유가계본 ········43-45경구계
　별해탈계경(바라제목차) ················ 246경구계

【연화장】

(01) 연화장의 장엄한 세계바다(세계해)

　　맨 아래의 바람 바퀴를 평등이라 하고,

　　맨 위의 바람 바퀴를 뛰어난 세계(승장)라 하는데

　　모든 향수바다(향수해)를 받친다.

　　蓮花藏莊嚴世界海最下風輪 名曰平等

　　乃至最上風輪名勝藏 持一切香水海也 (화엄경 정리)

(02) 저 향수바다 가운데는 하나의 대연화가 있는데

　　향기로운 깃발 빛의 장엄함(향당광장엄)이라 하며,

　　이 연화장의 장엄한 세계바다 가에는

　　금강산이 있어서 주위를 둘러쌌다.

　　彼香水海中有一大蓮華 名香幢光莊嚴

　　蓮華藏莊嚴世界海邊 金剛山周迊圍繞 (화엄경 정리)

(03) 하나하나의 향수바다(향수해)에는

　　　4천하 작은 먼지 같은 향수의 물(향수하)이 둘러쌌는데,

　　　갖가지 보배 꽃이 그 위를 넓게 덮었으며

　　　이 아래를 연화장세계라 한다.

　　　——香水海 有四天下微塵香水河圍繞

　　　種種寶花彌覆其上 下云此蓮華藏世界 (화엄경 정리)

(04) 향수바다 하나하나의 경계에는 세계바다(세계해)의

　　　작은 먼지 같은 수의 맑고 깨끗한 장엄함(청정장엄)이 있다.

　　　이 향수바다 위에도 말할 수 없는

　　　부처 땅의 작은 먼지 같은 세계가 있다.

　　　海——境界 有世界海微塵數淸淨莊嚴

　　　此香水海上 有不可說佛刹微塵世界也 (화엄경 정리)

【3신】

(05) 나는 이제 노사나불로서, 바야흐로 연꽃 받침대에 앉았다.

　　　천 개의 꽃이 위를 둘러쌌으며, 다시 천 석가釋迦를 나타냈다.

　　　하나의 꽃이 백억 나라인데, 한 나라가 한 석가이다.

　　　각각 보리수에 앉아서, 한꺼번에 부처 도를 이루었다.

　　　我盧舍那坐蓮花臺 匝千花復現千釋迦

　　　一花百億一國一釋 坐菩提樹一時成佛 (범망경 정리)

(06) 이와 같은 천 백억이, 노사나의 본디 몸이다.

천 석가는 응한 몸을 말하고,

백억 석가는 바뀐 몸을 말하며,

비로자나라는 세 몸(3신)을 통틀어 부른 것이다.

千百億是盧舍本身 千釋迦者約應身也 (범망경 정리)

百億釋迦約化身也 毗盧舍那通號三身 (사기)

(07) 석가란 이름은 바뀐 몸(화신) 중에서 일어났고,

노사나는 응한 몸(응신)에서 일어났으며,

비로자나는 법 몸(법신) 중에서 일어났다.

하나하나의 이름 모두가 세 몸(3신)을 통틀어 부른다.

釋迦名化身中所發 盧舍那者應身所發

毗盧遮那法身中起 一一名通號三身也 (사기)

(08) 노사나는 번역하면 둥글고 깨끗함(원정)이다.

비로자나는 번역하면 넓고 둥글고 깨끗함(광원정)이다.

가로(공간적)로는 시방 법계에 통하지 않는 것이 없고,

세로(시간적)로는 삼세에 두루하지 않은 것이 없다.

盧舍那者翻名圓淨 毗盧遮那翻廣圓淨

橫十法界無所不通 從三世際無所不遍 (사기)

(09) 삼보를 나눈 모습으로 보면,

삼신이 불보이고, 삼장이 법보이며, 삼승이 승보이다.

삼보를 한 몸체로 보면, 깨침의 뜻이 불보이고,

남을 위함이 법보이며, 중도가 승보이다.

三寶別相三身佛寶 三藏法寶三乘僧寶

三寶一體覺義佛寶 爲他法寶中道僧寶 (사기)

【일반】

(10) 부모에 두 가지 설이 있다.

첫째는 인연으로 생긴 부모로 세간 부모와 같다.

둘째는 도에 들어가게 하는 부모로

계율스승, 규범스승, 공부스승의 세 스승이다.

父母二說 一云有緣生父母如世間父母

一云入道父母 約戒師羯磨師敎師三師 (사기)

(11) 귀신에는 두 가지 설이 있다.

첫째, 사람 중에서는 귀라 하고, 하늘 중에서는 신이라 한다.

둘째, 아첨하고 불안한 것을 귀라 하고,

불가사의하게 숨긴 꾀가 있는 것을 신이라 한다.

鬼神有二說 一云人中名鬼又天中名神

一云諂曲不安名鬼 有不思議隱術名神 (사기)

(12) 유가론 보살지결택분은 말한다.

오직 사람의 길만이 바야흐로 보살계율을 받는다.

융경사는 말한다. 짐승 등도 보살이 원하면

여러 몸을 변화해 나타내서, 보살계율을 받는다.

瑜伽論云唯人道方受菩薩戒 隆鏡師云

畜生等者 菩薩由願化現諸身受菩薩戒 (사기)

(13) 만약 보살계를 받아서 10중계를 읊지 않으면,

보살도 아니고 불자도 아니다.

행동의 계율(율의계)이 바른 법의 계율(섭정법계)인데,

통틀어 풀이하면 자비로서, 곧 중생을 포함하는 계율(섭중생

계)이다.

若受菩薩戒不誦十重戒 非菩薩非佛子 (사기)

有律儀戒攝正法戒 釋通慈悲攝衆生戒 (사기)

(14) 법을 굴리는 임금(윤왕)은 10지 앞부터 제10지까지의

보살이기 때문에, 집에 있는 사람은 음란함을 끊지 못한다.

만약 재가자라면 작은 길(음부)만이 바른 길이 되고

입과 항문 두 길은 나쁜 길이 된다.

輪王 地前至第十地菩薩故在家不斷婬

若在家者 小道爲正道口大行道爲非道 (사기)

【중죄】

(15) 내가 죽이고, 다른 사람으로 하여금 죽이도록 시키며,

　　　방편으로 죽이고, (또) 죽이는 원인, 죽이는 여건,

　　　죽이는 법, 죽이는 일을 (짓고),

　　　일체 목숨 있는 것을 고의가 없지만 죽인다면,

　　　자기 멋대로 마음에 죽이려는 결정된 뜻이 생긴 것이다.

　　　自殺敎人殺方便殺 殺因殺緣殺法殺業

　　　一切有命不得故殺 而自恣心決意殺生 (범망경)

(16) 방편으로 죽이는 것(방편살)은 약으로 낙태를 하거나

　　　어린 아기를 죽이거나 또한 사약을 먹게 하는 것 등이다.

　　　사람 죽임을 보고 따라서 기뻐함은, 저 사람이 내가 마음으로

　　　기뻐함을 알기 때문에 죽이는 업을 짓는다. 무거운 죄이다.

　　　方便煞者 與藥墮胎煞兒亦死藥令食等 (사기)

　　　見煞人喜 彼人見我喜心故造煞業犯重 (사기)

(17) 다섯째는 술을 파는 계율(고주계)인데

　　　또한 술을 팔지 않는 계율(불고주계)이라 한다.

　　　큰 수레와 작은 수레 모두 금한다.

　　　이 술이 죄의 원인을 일으킨다는 것은,

　　　술을 마신 이후의 계율을 이야기한 것이다.

　　　第五酤酒戒者亦名不酤酒戒 大小同制 (사기)

是酒起罪因緣者 卽是以後飮酒戒說也 (사기)

(18) 보살은 중생을 대신하여 헐뜯음과 욕됨을 받고,
    나쁜 일은 자기에게 향하고, 좋은 일은 남에게 주어야 하는데,
    스스로 자기의 덕을 드날리고, 남의 좋은 일을 숨겨서,
    남이 헐뜯음을 받게 하면 바라이 죄이다.
    菩薩代衆生受毀辱 惡事自向好事與他
    自揚己德隱他好事 令他人受毀波羅夷 (사기)

(19) 음란은 무거우니 범죄를 일으키는 근본이기 때문이고,
    삼보를 헐뜯으면 바라이 죄가 된다.
    무거운 죄를 지어 지옥에 떨어진 사람은,
    하루 중에 8만4천 번 나고 죽는다.
    婬戒爲重起犯罪本 謗三寶者波羅夷罪 (사기 정리)
    犯重墮地獄入者 一日中八萬四千生死 (본업경)

【지계】

(20) 만약 어떤 사람이 비록 몰골은 볼품없으나
    영락으로 몸을 장엄하게 하면, 모든 사람에게 존경받는다.
    선하지 못한 수행을 닦았기 때문에 계율 수행은 볼품없으나,
    만약 삼취계를 지니면 인천에서 존경받는다.
    若有人雖身狀隨醜 瓔珞嚴身諸人所尊

126

習不善行故戒醜行 持三聚戒人天所尊 (사기)

(21) 보리는 도의 마음을 말하고, 살타는 중생을 말하니,
　　마하살타는 큰 도의 마음이 있는 중생이다.
　　보리살타는 나를 이롭게 하는 수행(자리행)을 말하고,
　　마하살타는 남을 이롭게 하는 수행(이타행)을 말한다.
　　菩提道心薩埵衆生 摩訶薩埵大道心衆
　　菩提薩埵約自利行 摩訶薩埵約利他行 (사기)

(22) 이른바 능히 법을 아우르기 때문에 하나의 진실한 법계를
　　몸체로 삼는다. 따라서 그친다(지)고 한다.
　　비록 법은 하나라도 진실이 아닌 것이 없으나,
　　능히 가짜로 있는 법을 비추기 때문에 본다(관)고 한다.
　　謂能融法故 而體於一如法界故名爲止
　　雖法無非一如 而能照假有法故名爲觀 (사기)

(23) 만약 도를 보는 것으로 나아가면
　　그침과 보기 2문을 벗어나지 아니하나,
　　나눠서 보는 사람으로 하여금 들어가게 하기 위해서
　　많은 문을 말한다.
　　비록 많은 문이 있으나 진리에 들어가면 둘이 없다.
　　하나의 성에 네 개의 문이 있으나,

성에 들어가면 둘이 없는 것과 같다.

若就道觀不出止觀 入欲別觀人故說多

雖有多門入理無二 一城四門入城無二 (사기)

(24) 뱀이 기어가는 성질은 비록 굽었지만,

만약 대나무 대롱에 들어가면 스스로 바르고 곧게 된다.

중생도 이와 같다. 만약 삼취계란 대롱에 들어가게 하면

스스로 바른 깨침을 이룬다.

已行性雖成曲 而若入於竹管自成正直

衆生如是 若入於三聚戒管者自成正覺 (사기)

(25) 정명경(유마힐경)은 말한다. 만약 보살의 행동이 도가 아니면,

보기보살로서 부처 도에 통달한 것이다.

중생 때문에, 울부짖는 지옥에 있으면서,

한량없는 겁 동안 몸을 태우지만,

마음의 깨끗함이 가장 뛰어나다.

經言若菩薩行非道 普機菩薩通達佛道 (사기 정리)

衆生故阿鼻地獄中 無量劫燒心淨最勝 (화엄경)

9.『법화종요』

『법화경法華經』의 갖춘 이름은 『묘법연화경妙法蓮華經』이다. 범어 "살달마 분타리 수다라"의 번역이다. 뛰어나게 아름답고 묘한 꽃이라 할 수 있다.

『법화경』 번역은 세 종류가 있는데, 하나는 서진西晉의 축법호竺法護가 번역한 『정법화경正法華經』(10권, 27품)이고, 둘은 후진後秦의 구마라습鳩摩羅什이 번역한 『묘법연화경妙法蓮華經』(7권, 28품)이며, 셋은 수隋의 사나굴다闍那崛多와 달마급다達磨笈多가 공동 번역한 『첨품묘법연화경添品妙法蓮華經』(7권, 27품)이다.

『정법화경』이 처음 번역으로 『묘법연화경』에 영향을 주었고, 첨품은 『묘법연화경』을 보완한 것이다.

이 중 가장 많이 읽히는 것이 구마라습의 『묘법연화경』인데, 흔히 『법화경』이라 하면 이를 말하며, 원효대사도 이 경을 바탕으로 종요를 썼다.

『법화경』은 『화엄경』과 함께 방대하고 중요한 경전이다. 이는 제법실상諸法實相, 귀일불승歸一佛乘, 구원본불久遠本佛, 보살화현菩

薩化現, 사바적광토娑婆寂光土 다섯 가지를 기본 사상으로 한다.

중국 수나라 지의智顗는 이 경에 의해서 천태종天台宗을 열었고, 고려 의천국사義天國師는 우리나라에 천태종을 폈으며, 일본 일련 日蓮은 이 경을 독단적으로 해석해 일련종日蓮宗을 만들었다.

최근 우리나라 상월원각조사(上月圓覺祖師, 1911~1974)는 이를 중흥하여 소백산에 구인사救人寺 대가람을 열기도 했다.

『법화경종요法華經宗要』(1권)는 『대정신수대장경』에 실려 있는 데, 주석에 弘安六年相承仁和寺藏本이라 쓰여 있어, 홍안 6년(서기 1283)에 인화사 소장본을 옮겨 쓴 것으로 추정된다.

한편 『동문선』 제83권에는 『법화경종요』의 서문序文이 실려 있다. 『대정신수대장경』의 서문에는 빠진 글자가 많아 여기서는 『동문선』을 참조하여 역자 나름대로 보완했다.

또 『대정신수대장경』에는 『법화종요法華宗要』라 되어 있으나, 『동문선』에는 『법화경종요法華經宗要』라 되어 있는데, 여기서는 경 經을 빼기로 한다. 『대정신수대장경』에는 원효사찬元曉師撰으로 되어 있으나, 『동문선』에는 석원효釋元曉라 되어 있다.

원효는 종요에서 1승과 3승을 주로 다뤘는데 합치면 일불승一佛 乘이다.

참고로 서문의 글은 『대정신수대장경』 34권, 870쪽 법화종요를 바탕으로 하고, 『동문선』 제83권 법화경종요서와 이종익 교수의 글을 참조하여 역자가 정리했다.

【묘법】

(01) 묘법연화경, 이는 곧,

　　시방삼세 모든 부처가 세상에 나오신 큰 뜻이요,

　　9도4생이 함께 한 도에 들어가는 넓은 문이다.

　　글이 예쁘고 뜻이 깊으니,

　　묘함이 지극하지 않음이 없고,

　　문장이 넓고 이치가 크니,

　　법이 펼쳐지지 않음이 없다.

　　글과 문장이 예쁘고 넓으니,

　　꽃이 열매를 머금었고,

　　뜻과 이치가 깊고 크니,

　　열매가 방편을 지녔다.

　　妙法蓮華經者 斯乃

　　十方三世諸佛出世之大意也

　　九道四生咸入一道之弘門也

　　文巧義深無妙不極 辭敷理泰無法不宣

　　文辭巧敷華而含實 義理深泰實而帶權 (종요)

(02) (뜻과) 이치가 깊고 큼은,

　　두 가지가 없고 다른 것도 없는 것이며,

　　(글과) 문장이 예쁘고 넓음은,

　　방편을 열고 진실을 보인 것이다.

理深泰者 無二無別也

辭巧敷者 開權示實也 (종요)

(03) 방편을 연 것(개권)이란,

성문 밖 세 수레는 방편이고,

가운데 길 보배 성은 변화한 것이며,

보리수 아래에서 도를 이룬 것은 처음이 아니고,

사라수 사이에서 열반한 것은 끝이 아님을, 연 것이다.

진실을 보인 것(시실)이란,

4중생(사생)이 모두 나의 아들이고,

2수레(이승)도 모두 당연히 부처를 이루며,

티끌 같은 숫자로도 그 수명을 족히 헤아리지 못하고,

우주의 불로도 그 땅을 능히 태울 수 없음을, 보인 것이다.

이를 글과 문장의 예쁘고 묘함(교묘)이라 한다.

開權者開

門外三車是權 中途寶城是化 樹下成道非始 林間滅度非終

示實者示 四生並是吾子 二乘皆當作佛

塵數不足量其命 劫火不能燒其土

是謂文辭之巧妙也 (종요)

(04) 두 가지도 없다(무이)는 말은,

(부처가 세상에 오신) 오직 하나의 큰일이니,

부처가 아신 것을 열어 보여 깨치면 들어갈 수 있게 하고,

위도 없고 특이한 것도 없음을 알게 하고

증명하게 했기 때문이다.

다른 것도 없다(무별)는 말은,

세 가지가 평등하니,

모든 수레와 모든 몸이 모두 함께 한 이치이고,

세간과 열반이 둘이라는 것을

아주 떨치게 하기 때문이다.

이를 뜻과 이치의 깊고 묘함(심묘)이라 한다.

이는 곧 글과 이치가 다 묘해서 그윽하지 않음이 없고,

곧 거친 도리를 떠나므로 묘한 법이라 일컫는다.

言無二者唯一大事

於佛知見開示悟入 無上無異令知令證故

言無別者三種平等

諸乘諸身皆同一揆 世間涅槃永離二際故

是謂義理之深妙也

斯則文理咸妙無非玄 則離麤之軌乃稱妙法 (종요)

【연화】

(05) 방편의 꽃이 넓게 열려 열매가 크고 빛나니

물듦이 없는 아름다움을 짐짓 연화라 비유했다.

그러나

묘한 법은 묘하고 빼어나다.

무엇이 세 수레이고, 무엇이 한 수레인가.

지극히 오래고 지극히 어둡다.

무엇이 짧은 목숨이고, 무엇이 긴 목숨인가.

이 자리가 아득해서 그것에 들어가기도 쉽지 않고,

사람들이 많아도 그것에서 나오기도 참으로 어렵다.

權華開敷實菓泰彰 無染之美假喩蓮花
然
妙法妙絶何三何一 至久至冥誰短誰長
玆處恍惚入之不易 諸子瀾漫出之良難 (종요)

(06) 이에

여래가 그것을 방편으로 끌어냈으니,

녹야원에서 양 수레를 드러내,

기다림이 있는 위험한 몸을 보였고,

영취산에서 흰 소 수레를 타고서,

한량없이 긴 목숨을 나타내셨다.

이에

한 수레를 빌려서 세 수레를 깼으나,

세 수레도 없애고 한 수레도 버렸으며,

짐짓 짧은 목숨 물리침을 닦으나,

짧음도 멈추고 닦음도 없었다.

於是 如來引之以權

羨羊車於鹿苑 示有待之危身

駕白牛於鷲岳 顯無限之長命

斯迺

借一以破三 三除而一捨

假脩以斥短 短息而脩亡 (종요)

(07) 이 법은 보일 수가 없다.

말, 글 모습이 그윽이 없어진다.

넓음 그대로라 드러낼 수가 없다.

적막함 그대로라 의탁함을 떠난다.

그것을 뭐라 해야 할지 몰라,

억지로 묘법연화라 했다.

이에

부처와 자리를 함께해 그것을 들은 이는,

마땅히 전륜성왕, 제석천, 범천왕의 자리를 받게 하고,

이 경을 한 구절이라도 귀에 스친 이는,

모두 위없는 깨침의 약속을 받게 했다.

하물며 받아 지녀서 널리 이야기하는 복이야!

어찌 생각으로 헤아려볼 수가 있겠는가!

이 큰 뜻을 들어서 제목으로 삼았기 때문에

묘법연화경(묘한 진리의 연꽃세계)이라 했다.

是法不可示言辭相寂滅 蕩然靡據蕭焉離寄

不知何以言之 强號妙法蓮花

是以

分坐令聞之者 當受輪王釋梵之座

逕耳一句之人 並得無上菩提之記

況乎受持演說之福 豈可思議所量乎哉

擧是大意以標題目 故言妙法蓮花經也 (종요)

(08) 묘법연화경은 범어로

살달마 분타리 수다라이다.

이 꽃은 반드시 꽃, 꽃술, 꽃받침, 열매(화수대실)

네 가지를 갖춰 합쳐서 뛰어나게 아름답고 묘한 것이 된다.

妙法蓮華經 梵音薩達摩分陀利修多羅

此華必具華鬚臺實四種 合成殊爲美妙 (종요)

(09) 묘법(살달마, 묘한 법)이란 말에는 대략 네 가지 뜻이 있다.

교묘함이 묘함(교묘), 뛰어남이 묘함(승묘),

미묘함이 묘함(미묘), 빼어남이 묘함이다(절묘).

교묘함이 묘함과 뛰어남이 묘함은

일함을 풀이해(전용) 이름을 세웠고,

미묘함이 묘함과 빼어남이 묘함은

풀이된 주장(전종)을 따라서 제목을 지었다.

합쳐 말하면, 교묘함과 뛰어남과 미묘함과 빼어남의

16가지 끝 되는 묘한 뜻이,

시방삼세를 모두 포함해서 다른 법이 없다.

이 뜻 때문에 묘법이라 한다.

言妙法者略有四義 巧妙勝妙微妙絶妙

巧妙勝妙詮用立名 微妙絶妙詮宗作目

合而言之 巧勝微絶十有六種極妙之義

十方三世無二之軌 以是義故名爲妙法 (종요 정리)

【일불승】

(10) 이 경은 바로, 넓고 크고 깊고 깊은,

한 수레의 진실한 모습(일승실상)의 풀이를 으뜸으로 한다.

한 수레의 진실한 모습에도 대략 두 가지를 말할 수 있으니,

이른바 능히 타는 사람(능승인)과 타는 법(소승법)이다.

此經正以廣大甚深 一乘實相爲所詮宗

一乘實相略說有二 謂能乘人及所乘法 (종요 정리)

(11) 이 경에서 말하는 한 수레 사람(일승인)은,

세 수레를 수행하는 사람, 네 종류의 배워 깨침(사종성문),

삼계에서 네 가지로 생겨나는 중생들(사생중생)인데,

모두 능히 하나의 부처 수레(일불승)를 타는 사람들이다.

此經所說一乘人者 三乘行人四種聲聞

三界所有四生衆生 並是能乘一佛乘人 (종요)

(12) 보일 진실한 모습(진실상)은,

한 수레의 사람과 법(일승인법)이다.

법의 모습이 항상 머물러 도리가 끝이다.

하늘 마귀나 바깥 도가 능히 깨지 못하며,

삼세 모든 부처도 능히 바꾸지 못한다.

示眞實相一乘人法 法相常住道理究竟

天魔外道所不能破 三世諸佛所不能易 (종요)

(13) 모든 부처는 오직 하나의,

큰일의 인연 때문에 세상에 나타나신다.

일체 중생이 깨침을 이루지 못하면,

부처 법은 가득하지 않고 본디 바람도 가득하지 않다.

經言 諸佛唯以一大事因緣故出現於世 (방편품)

一切衆生未成菩提 佛法未足本願未滿 (화엄경)

(14) 이른바 중생세계가 곧 열반세계여서,

중생세계를 떠나 여래세계(여래장)가 있는 것이 아니다.

범부든 성인이든, 안의 도든 바깥 도든,

일체 선한 뿌리(일체선근)는 모두 불성을 드러내

함께 근본으로 돌아간다.

謂衆生界卽涅槃界 不離衆生有如來藏 (논)

凡聖內外道諸善根 皆出佛性同歸本原 (종요)

(15) 고요함으로 나아간 두 수레(이승)나 성질이 없는 유정
　　모두에게 불성이 있어 모두 마땅히 부처를 짓는다.
　　모든 법은 본래 항상 스스로 그윽이 없어진 모습이다.
　　부처의 아들딸아,
　　도를 닦고 나면 다음 세상에서는 부처를 이룬다.
　　趣寂二乘無性有情 皆有佛性悉當作佛 (종요)
　　諸法本常自寂滅相 佛子行道來世作佛 (방편품)

(16) 몸체가 있는 것이 아니기 때문에 진실함이 아니고,
　　몸체가 없는 것이 아니기 때문에 헛됨도 아니며,
　　참된 진리가 아니기 때문에 같음도 아니고,
　　속된 진리가 아니기 때문에 다름도 아니다.
　　이런 근본은 오직 부처만이 끝까지 안다.
　　非有體故非實 非無體故非虛 非眞諦故 (종요)
　　非如 非俗諦故非異 如是本來唯佛所窮 (종요)

(17) 한 수레(일승)의 가르침은 시방삼세 일체 모든 부처가,
　　처음 도를 이룬 이래 열반에 이르기까지,
　　그 사이에 말씀하신 일체 말로 가르친 것(일체언교)으로

일체의 지혜이다.

一乘教者 十方三世一切諸佛從初成道

乃至涅槃 其間所說一切言教一切智地 (종요)

(18) 한 수레(일승)의 이치는 이른바 하나의 법계(일법계)인데
　　 또한 법신(법 몸)이라 하고, 여래세계(여래장)라 한다.
　　 법계는 분별이 없기 때문에, 다른 수레가 없으나,
　　 중생을 제도하기 위해, 세 수레를 말씀하신다.

　　 一乘理者謂一法界 亦謂法身亦如來藏 (종요)

　　 法界無分別無異乘 爲度衆生故說三乘 (합부금광명경)

(19) 한 수레의 결과(일승과)는 대략 두 가지가 있는데,
　　 본디 있는 결과(본유과)와 처음 일어나는 결과(시기과)이다.
　　 본디 있는 결과는 법불 보리이고,
　　 처음 일어나는 결과는 (보신불, 응신불) 두 몸(2신)이다.

　　 一乘果者略說二種 謂本有果及始起果 (종요)

　　 本有果者法佛菩提 始起果者謂餘二身 (종요)

(20) 진리와 가르침, 원인과 결과(이교인과)가
　　 함께 한 사람을 싣고
　　 일체지(살바야)에 이르기 때문에 4법을 1승법이라 한다.
　　 마치 네 마리 말이 서로 응해서

함께 하나의 탈 것을 만들기 때문에,

네 마리 말을 한 수레라 하는 것과 같다.

理教因果共運一人 到智故四法一乘法

猶如四馬相應共作 一運故四馬說一乘 (종요)

(21) 여는 것(개)은 세 수레라는 방편의 문을 여는 것이고,

보이는 것(시)은 한 수레의 진실한 모습을 보이는 것이다.

다음으로 열고 보는 작용을 합쳐 밝히면

하나의 열고 봄 중에 네 가지 뜻이 합쳐 있다.

開者開三乘方便門 示者示一乘眞實相 (종요)

復次合明開示用者 一開示中合有四義 (종요)

(22) 셋을 활용해 하나가 되니(용3위1), 앞의 세 수레 가르침을

활용하면 곧 한 수레의 가르침(1승교)이 되기 때문이다.

셋을 거느려 하나에 이르니(장3치1), 저 세 수레 사람을

거느리면 함께 한 수레의 결과(1승과)에 이르기 때문이다.

셋을 모아 하나로 돌아가니(회3귀1), 세 수레의 원인과 결과를

모아서 본디 한 수레의 이치로 돌아가기 때문이다.

셋을 깨서 하나를 세우니(파3입1), 저 세 수레가 별도로 나아
감을

깨고 한 수레로 함께 돌아가는 뜻을 세우기 때문이다.

用三爲一 用前三乘之教卽爲一乘教故

將三致一 將彼三乘之人同致一乘果故

會三歸一 會三乘因果還歸於本一乘理

破三立一 破三乘別趣以立同歸一乘義 (종요)

(23) 한 가르침(일교)을 세우기 때문에 세 가르침을 깨고,

한 사람(일인)을 세우기 때문에 세 사람을 깨며,

한 원인(일인)을 세우기 때문에 세 원인을 깨고,

한 결과(일과)를 세우기 때문에 세 결과를 깬다.

한 진리의 성질(일리성)을 세워서 네 가지 세 가지를 통틀어 깨니,

네 가지가 하나로 모두 함께 한 수레의 이치이기 때문이다.

立一教故則破三教 立一人故則破三人

立一因故則破三因 立一果故則破三果

立一理性通破四三 四一皆同一乘理故 (종요 정리)

10.『보살계본지범요기』

보살계본菩薩戒本은 보살들이 지켜야 할 근본 계율이란 뜻이고, 지범요기持犯要記는 계율을 지키고 어김에 대한 요점을 적은 글이란 뜻이다.

『보살계본』에는 몇 가지가 있다.

첫째는 구마라습鳩摩羅什이 번역한『범망경』제10 보살심지품菩薩心地品이다. 번역은 상하 2권인데, 상권은 40법문法門을 설명했고, 하권은 10중계重戒와 48경구계輕垢戒를 설명했다.

10중계는 열 가지 무거운 계율이고, 48경구계는 48가지 가벼이 때 묻은 계율인데, 이것이 들어 있는 하권이 더 중요하다. 따라서 이것만을 별도로『다라계본多羅戒本』,『보살계본菩薩戒本』,『범망경보살계경梵網經菩薩戒經』,『보살바라제목차菩薩波羅提木叉』,『범망경노사나불설보살10중48경계梵網經盧舍那佛說菩薩十重四十八輕戒』라고도 한다.

원효는 이를 풀이하여『범망경보살계본사기梵網經菩薩戒本私記』를 지었다.

둘째는 담무참曇無讖이 『보살지지경菩薩地持經』 제5 방편처계품지여方便處戒品之餘의 요점을 추려서 번역한 것인데, 이를 『달마계본達磨戒本』, 『지지계본地持戒本』, 『보살계본경菩薩戒本經』이라 한다.

셋째는 현장玄奘이 『유가사지론瑜伽師地論』 제40권과 41권에 실려 있는 유가처계품瑜伽處戒品에서 별도로 뽑아낸 것인데, 이를 『유가계본瑜伽戒本』이라 한다. 내용은 담무참의 『달마계본』과 비슷하다.

『다라계본』에는 10중계와 48경구계를, 『달마계본』에는 4바라이와 41경구계를, 『유가계본』에서는 43 내지 45경구계를 말하고 있다. 『유가계본』의 경구죄의 개수는 사람마다 견해가 달라서 43, 44, 45개라 한다.(가산불교대사림, 지관 지음 참조)

그러나 원효는 경구계가 『다라계본』에 48개, 『달마계본』에 44개, 『별해탈계경』에 246개가 있다고 한다.

* 『보살계본』(『범망경 보살계본사기』 해설 참조)

제10 보살심지품 하권(구마라습) ··· 다라계본 ········10중계, 48경구계
보살지지경 초록(담무참)··········· 달마계본 ········4바라이, 41경구계
유가처계품 초록(현장)················· 유가계본 ········43-45경구계
별해탈계경(바라제목차)·······································246경구계

가벼운 죄는 경죄輕罪, 경계輕戒, 경구죄輕垢罪, 경구계輕垢戒라고 하는데, 말 그대로 때 묻을 정도의 가벼운 죄이다.

무거운 죄는 중계重戒, 중죄重罪라고 하는데, 살인 등 열 가지 무거운 계율(10중계)을 말한다. 계戒와 죄罪는 같은 뜻으로 쓰니, 계를 어기면 죄가 되기 때문이다.

이 중 원효는 특히 자찬훼타계自讚毀他戒, 곧 자기를 기리고 남을 헐뜯는 계를 집중 설명한다. 이는 자기의 명성이 높아지자 스스로를 경계하기 위한 것이 아닌가 한다. 물론 모든 스님에게 해당될 수도 있다.

【대의】

(01) 보살계는

흐름(윤회)을 되돌려 근원으로 돌아가는 큰 나루터요,

그릇됨을 버리고 바름으로 나아가는 긴요한 문이다.

그러나

그릇됨과 바름의 모습은 쉽게 뒤섞이고,

죄와 복의 성질도 구분하기 어렵다.

어째서 그러한가.

혹 속뜻은 실제 그릇되나,

바깥 자취는 옳은 것 같고,

혹 겉 업은 모두 물들었으나,

가운데 마음은 맑고 깨끗하며,

혹 업을 지어 적은 복에 합치되나,

큰 어려움에 이르고,

혹 마음을 닦아 깊고 먼 것을 따르나,

얕고 가까움에는 어긋난다.

菩薩戒者 返流歸源之大津 去邪就正之要門

然 邪正之相易濫 罪福之性難分

何則 或內意實邪 而外迹似正 或表業同染 而中心淳淨

或有作業合少福 而致大患 或有心行順深遠 而違淺近 (요기)

(02) 이에,

오로지 더러운 사람도 도인이 되고,

사사로움을 이기는 사람도 사문이 된다.

(더러움을) 오래도록 오로지한 것이 비슷한 자취이나,

이는 참되고 바른 것을 망친 것이며,

(사사로움을) 매번 이기는 것이 깊은 계율이나,

얕은 수행도 찾는다.

이제 앞으로,

얕은 일을 보내고, 깊은 것을 오로지하며,

비슷한 자취를 보내고, 참된 것을 좇으려 한다.

내 스스로 문득 잊을까 봐 요점을 살펴 따로 적으니,

다행히 뜻을 같이 한다면 살펴보고 취할 일이다.

是以

專穢道人 剋私沙門 長專似迹

以亡眞正 每剋深戒 而求淺行

今將 遣淺事而全深 去似迹而逐實

爲自忽忘 撮要記別 幸同趣者 詳而取決 (요기)

【유무】

(03) 부처의 뜻은 깊고 깊어 모든 우스운 논리를 끊어서

모든 법에서 도무지 얻는 것이 없다.

부처의 도는 넓고 넓어 거리낌도 없고 방해도 없다.

영원히 들어 보일 것이 없으나 합당하지 않은 것도 없다.

佛意甚深絶諸戲論 於一切法都無所得 (요기)

佛道廣蕩無礙無方 永無所據而無不當 (요기)

(04) 일체 다른 사람들의 뜻, 모두가 부처의 뜻이다.

백 개 집안의 이야기가 옳지 않은 것이 없다.

8만 법문이 모두 진리에 들어간다.

갈대 대롱으로 하늘을 봐야 한다고 해서는 안 된다.

一切他義咸是佛義 百家之說無所不是

八萬法門皆可入理 不可說言葦管窺天 (요기)

(05) 죄다, 죄 아니다 라는 두 가지 치우침을 떨치지 아니하면

(계율을) 끝까지 지켜서 어김이 없게 하지 못한다.

죄와 죄 아님을 얻을 수 없기 때문에,

계율로 건너감을 마땅히 다 갖춘다.

罪非罪未離二邊者 不能究竟持而無犯 (요기)

罪與非罪不可得故 應當具足戒波羅蜜 (경)

(06) 옛 큰 성인은 그 아들을 깨우쳐 말했다.

"삼가서 착한 일을 하지 마라." 그 아들이 대응해 말했다.

"마땅히 악한 일을 하라는 것입니까?" 아버지가 말했다.

"착한 일도 오히려 함이 없는데, 하물며 악한 일이야!"

古之大賢誡其子云愼莫爲善 其子對曰

當爲惡乎 爾時親言善尙莫爲況爲惡乎 (요기)

(07) 나는 많은 보배도 없고 또한 적은 재물도 없다.

쓸쓸해 드러낼 것이 없기 때문에 나는 가난하지도 않다.

많은 것도 없고 적은 것도 없는 이가 가장 가난하고,

있다도 부정하고 없다도 부정하는 것이 끝까지 줄여 없앤 것
이다.

我無多寶亦無少財 簫然無據故我非貧 (경)

無多無少最極貧窮 撥有撥無最極損減 (요기)

(08) 일체가 오직 거짓! 이것이 진실이다.

이런 도리 때문에 저 진실과 헛되고 거짓된 것,

두 가지를 모두 물리친다. 도무지 있는 것이 없다.

이것이 가장 끝까지 없는 것이다.

一切唯假是爲眞實 由此道理彼於眞實

及與虛假二種俱謗 都無所有是最極無 (요기)

(09) 있다(유)에 집착함을 늘린다(증)고 하고,

없다(무)에 취함을 줄인다(손)고 하지만,

있다 없다를 모두 버려서, 조용해 드러낼 것이 없다.

지극한 도는 어둡고 어두워 옳고 그름이 나눠지지 않는다.

마음의 움직임도 은밀함으로 오직 선한 뿌리를 심을 뿐이다.

執有曰增取無曰損 有無俱遣簫然無據

至道昏昏是非莫分 心行密密唯殖善根 (요기)

(10) 있다는 집착을 없애기 위해, 여래는 공空을 이야기한다.

사람이 다시 공에 집착하면 부처는 가르치지 아니한다.

차라리 나라는 견해를 일으키는 것이 수미산 같을지라도,

비었다는 견해는 털끝만큼도 일으키지 않겠다.

爲除有執如來說空 人復執空佛所不化 (게송)

寧起我見如須彌山 不起空見如毫釐許 (게송)

【자찬훼타】

(11) 나는 삼세 모든 부처의 뜻과 말씀을 얻었다.

만약 이것과 다르다면 모두 잘못된 말이다.

이 성품은 그릇되게 똑똑해서 남을 이기려는 것이다.

나를 기리고 남을 헐뜯는 계를 어겨서는 안 된다.

我得三世諸佛意說 若異此者皆是漫說 (요기)

是性邪聰爲勝他故 不可犯自讚毁他戒 (요기 정리)

(12) 부처 법 안에 있는 사람 대부분 삼학三學에 의지하나,
　　부처 도와 비슷한 마귀 일을 일으키기도 한다.
　　마치 사자 몸속의 벌레가 곧 사자를 먹는 것과 같다.
　　다른 것에는 능력이 없기 때문이다.

佛法內人多依三學 起似佛道之魔事也

猶如師子身內之虫 乃食師子餘無能故 (요기)

(13) 선한 뿌리를 오래도록 심고, 성품을 솔직하고 곧게 해서
　　나라는 교만(아만)을 깊이 누르면 선지식에 가까워진다.
　　성스런 경전을 우러러 의지해 마음의 거울로 삼아서
　　스스로 안으로 살펴보면 마음의 수행이 작게나마 익는다.

宿殖善根稟性質直 深伏我慢近善知識

仰依聖典以爲心鏡 自內審觀熟微心行 (요기)

(14) 마치 바탕이 밝지 못한 것(근본무명)의 끝 되는 어두움이,
　　슬기의 밝은 것(반야명)과 함께하는 것과 같다.
　　그 모습은 아주 비슷하다.
　　하는 것과 하는 곳(능소)이 없기 때문이고,

150

하는 것과 하는 곳 없음이 갖춰지기 때문이다.

따라서 저 밝지 못한 것(무명)을 없애기가 가장 어렵다.

猶如根本無明極闇與般若明 狀極似同

無能所故俱無能所故 彼無明最難可滅 (요기)

(15) 단지 자기의 이해득실만 소소하게 살펴서

남의 덕과 잘못을 함부로 판단해서는 안 된다.

내 스스로 문득 잊을까 봐 요점을 살펴 따로 적으니,

다행히 뜻을 같이 한다면 살펴보고 취할 일이다.

只應微察自之得失 不可輒判他之德患 (요기)

爲自忽忘撮要記別 幸同趣者詳而取決 (요기)

11.『본업경소』

『보살영락본업경菩薩瓔珞本業經』(이하『본업경』이라 함)은 부처님이 경수보살(敬首菩薩; 문수보살)과의 대담을 통해, 보살의 수행과정을 영락 보배에 비유해서 설법한 글이다.

이 경을 요진(姚秦, 後秦)의 축불념竺佛念이 상하 2권, 총 8품으로 번역했다.

집중集衆은 사람들이 모인다는 것이고, 현성명자賢聖名字는 어진 성인들의 이름자이며, 현성학관賢聖學觀은 어진 성인들이 배우는 선禪이고, 석의釋義는 뜻풀이이며, 불모佛母는 부처의 어머니 곧 깨침의 근본이고, 인과因果는 원인과 결과이며, 대중수학大衆受學은 무리가 받아서 배우는 것이고, 집산集散은 모인 사람들이 흩어지는 것이다.

이 경을 원효대사가 상하 2권으로 풀이해서『본업경소本業經疏』라 했는데(?), 지금 남아 있는 것은 서序와 하권 일부(?)로 현성학관품 제9지(49)부터이다. 이로 보면 상권은 원효대사 자신의 견해를 주로 풀이한 것이 아닌가 추측된다.

*〈축불념,『본업경』〉　　　　　〈원효,『본업경소』〉

　상권(3품)-집중품, 현성명자품‥‥‥‥‥‥‥‥ 상권(?)
　　　　　현성학관품‥‥‥‥‥‥‥‥‥‥‥ 하권(?)
　하권(5품)-석의품, 불모품, 인과품‥‥‥‥‥ 하권
　　　　　대중수학품, 집산품

【대의】

(01) 무릇

두 진리(2제)의 가운데 길은, 길이라 할 수 없는 것의 나루
터요,

아주 그윽한 법의 문은, 문이라 할 수 없는 것의 진리이다.

길이라 할 수 없기 때문에, 마음 닦음이 있을 수 없고,

문이라 할 수 없기 때문에, 닦아 들어감이 있을 수 없다.

그러나

큰 바다는 나루터가 없으나,

배들이 노를 저어 능히 건널 수 있고,

빈 하늘은 사다리가 없으나,

새들이 날개를 퍼덕여 높이 날 수 있다.

이에

길이 없는 길, 이것은 길이 아닌 것이 없고,

문이 없는 문, 이것은 문이 아닌 것이 없음을 안다.

原夫

二諦中道 乃無可道之津 重玄法門 逾無可門之理

無可道故 不可以有心行 無可門故 不可以有行入

然以 大海無津 汎舟楫而能渡 虛空無梯 翩羽翼而高翔

是知 無道之道 斯無不道 無門之門 則無非門 (본업경소)

(02) 문이 아닌 것이 없기 때문에,

일마다 모두 그윽함에 들어가는 문이 되고,

길이 아닌 것이 없기 때문에,

곳곳이 모두 근원으로 돌아가는 길이 된다.

근원으로 돌아가는 길은,

매우 넓으나 능히 닦는 사람이 없고,

그윽함에 들어가는 문은,

매우 크나 능히 들어가는 사람이 없다.

진실로 세간의 학자들이,

있다에 집착하고 없다에 머물기 때문이다.

無非門故 事事皆爲入玄之門 無不道故 處處咸是歸源之路

歸源之路 甚夷而無人能行 入玄之門 泰然而無人能入

良由 世間學者 着有滯無故也 (본업경소)

(03) 있다는 모습에 집착함은,

장차 있음을 기다리는 위험한 몸이니,

한없는 법의 모습으로 나아가 자주자주 없애지만,

이름을 좇아 오래도록 흐른다.

비어 없음에 머묾은,

알지 못함을 받드는 눈먼 뜻이니,

이해가 생기는 가르침의 문을 등져

어둠에 취한 채 깨어남이 없지만,

머리를 흔들며 배우지 않는다.

따라서

여래께서는 아무 연고 없는 큰 자비로,

저 두 부류가 부처 도에 들어가게 하려고,

이 두 권의 보살영락법문을 말씀하셨다.

着有相者

將有待之危身 趣無限之法相 數數而無已 逐名而長流

滯空無者

恃莫知之盲意 背生解之教門 惛醉而無醒 搖首而不學

是故如來無緣大悲 爲彼二類令入佛道

說此兩卷瓔珞法門 (본업경소)

(04) 오래도록 흐르는 이들로 하여금,

여덟 가지 아닌(팔불) 넓은 길에 노닒을 그치게 하고,

일곱 가지 교만한(칠만) 높은 마음을 꺾기 위해서이며,

어둠에 취한 이들로 하여금,

여섯 가지 들어가는(육입) 밝은 문을 배워 깨치게 하고,

다섯 가지 머무는(오주) 어두운 진지를 굴복케 하기 위해서다.

이에

복과 슬기(복지)라는 두 가지 노를 마련해 놓고서

부처 법의 큰 바다를 능히 건너가게 하셨고,

그침과 보기(지관)라는 두 날개를 함께 퍼덕여서

법 바탕의 빈 허공으로 높이 날게 하셨다.

이것이 본업경의 큰 뜻(대의)이다.

欲使

長流者 止遊八不之坦路 摧七慢之高心

悟醉者 悟學六入之明門 伏五住之闇陣

於是

備架福智兩機 能渡乎佛法大海

雙運止觀二翼 高翔乎法性虛空

斯爲本業之大意也 (본업경소)

(05) 그 가르침은 글과 이치가 모두 정치하다.

　　뜻은 아주 묘하나 말씀은 편안하고,

　　글은 매우 간소하나 이야기는 자세하며,

　　닦음은 단계 단계마다 덕이 갖춰져 있고,

　　일은 멀고머나 이치는 다한다.

　　원인과 결과의 근원과 흐름을 다하고,

범부와 성인의 처음과 끝을 다해,

천 개 글들의 펼쳐진 숲을 비춰서

한 맛의 넓은 통로를 밝혔다.

其爲教也文理俱精

旨極妙而辭逸 文甚括而語詳

行階階而德備 事洋洋而理窮

窮因果之源流 究凡聖之始終

照千條之森羅 明一味之洪通 (본업경소)

(06) 이에

6성질(육성)과 6수행(육인)이,

여덟 번 모임(팔회)의 넓은 요점을 종합했고,

세 가지 보기(삼관)와 세 가지 진리(삼제)가,

600가지 그윽한 주장을 꿰었으며,

두 땅과 두 몸이 시방에 걸쳐 널리 나타나고,

한 길과 한 결과가 만덕을 포함해 모두 아우른다.

그 뒤

부처(일체지자)의 보배수레를 타고서,

삼계의 옛집으로 돌아가게 하고,

보살의 본디 수행을 열어서,

여섯 가지 영락을 보이셨다.

따라서 보살영락본업경이라 한다.

介乃

六性六忍 綜八會之廣要 三觀三諦 貫六百之玄宗

二土二身 帶十方而普現 一道一果 含萬德而都融

然後

乘薩云之寶乘 還三界之故宅

開菩薩之本行 示六重之瓔珞

故言菩薩瓔珞本業經也 (본업경소)

【중생】

(07) 중생이란 뜻은 곳곳에서 생김을 받는다는 것이니,

세로(시간적)로는 삼세를 지나다니고,

가로(공간적)로는 5덩어리(육신)를 잡는다.

5덩어리를 잡기 때문에 선악이 모두 한 사람에게 속하며,

삼세를 지나다니기 때문에 앞뒤 백겁이 서로 이어진다.

衆生之義處處受生 縱逕三世橫攬五陰

攬五陰故善惡屬人 逕三世故相續百劫 (본업경소 99쪽)

(08) 탐냄(탐)을 열면 세 가지가 되는데, 벗어나는 도를 막는다.

음욕을 욕심(욕)이라 하고,

나머지를 탐냄(탐)과 좋아함(애)이라 한다.

현재 대상에 집착함을 탐냄(탐)이라 하고,

과거 미래 돌아봄을 좋아함(애)이라 한다.

욕계 바깥을 탐냄(탐)이라 하고,

색계 무색계를 좋아함(애)이라 한다.

開貪爲三障出離道 淫欲名欲餘名貪愛

著現境貪顧過未愛 欲界外貪色無色愛 (본업경소)

(09) 거칠고 무거운 것(추중)에 두 가지가 있다.

번뇌 자리(번뇌품)의 거칠고 무거운 것이라면,

씨가 끊어질 때 또한 따라서 끊어 없어진다.

달리 익는 자리(이숙품)의 거칠고 무거운 것이라면,

아주 얇아서 씨가 없어진 뒤에도 서로 이어져 끊어지지 않

는다.

麤重二 煩惱品麤重種子斷時亦隨斷滅

異熟品麤重而微薄 種子滅後相續不絶 (본업경소)

(10) 세간 진리란 말은 남 기댐성(의타성)과 분별성으로,

있다 없다는 2진리(2제)이고,

2진리(2제) 바깥은 진여 제1의제로

여래가 돌아간 한마음의 뿌리다.

言世諦者 謂依他性及分別性有無二諦

二諦之外 眞如第一義諦如來歸一心原 (본업경소)

(11) 한량없는 법의 구름, 비가 모든 중생을 적신다.

법 구름(법운)에는 두 가지 뜻이 있다.

하나는 모든 부처의 한량없는 법의 비를 능히 받는 것이고,

둘은 중생에게 한량없는 법의 비를 뿌리는 것이다.

無量法雲雨澍及一切衆生者 法雲有二

能受諸佛無量法雨 能注衆生無量法雨 (본업경소)

(12) 아라한은 삼세 일을 두루 알지만,

스스로 뜻 지음을 잘 이해하지 못하기 때문에

알아보는 것(지견)에 집착이 있고(유착),

일체 남김 없음(무여)을 바로 이해하지 못하기 때문에

걸림이 있다.

阿漢遍三世所知事 不能率爾作意便解

故知見有著 不能一切無餘正解故有礙 (본업경소)

(13) 금강 지혜는 처음 일어나는 한 모습에 끝이 있음은 알지만,

그 처음 앞에 법이 있는지 법이 없는지 (어떤지를) 알지 못

한다.

여래는 삼세의 대상에 두루해

스스로 뜻을 지어서, 능히 일체를 이해한다.

金剛智知始一相終 不知始前有法無法 (본업경)

如來遍於三世境界 率爾作意能解一切 (본업경소)

(14) 부처 한 사람만이 법계 바깥으로 벗어나 있다.

　　(그 후) 다시 법계 중으로 들어옴은,

　　무명 중생에게, 일체 선악도善惡道의 과보에

　　한량없는 차별이 있음을 보이기 위해서다.

　　唯佛一人在法界外 爲復來入法界藏中

　　無明衆生 示一切善惡道果報差別無量 (본업경)

(15) 내가 곧 남인 것을 그대로(여)라 하고,

　　남이 곧 나인 것을 온다(래)고 한다. (10호경)

　　허망함이 없기 때문에 여래라 한다. (유가론)

　　자기 성질이 머무는 것에서 지극한 얻음에 이름을

　　여래라 한다. (불성론)

　　부처 세존이 여래이다. (열반경)

　　我卽他曰如他卽我曰來 無虛妄故如來

　　從自性住來至至得如來 佛世尊爲如來 (본업경소)

【계위】

(16) 동보영락 동륜왕은 100명의 복된 아들딸이 권속이 되는데,

　　한 부처 땅에 태어나 2천하天下를 가르친다.

　　은보영락의 은륜왕은 500명의 복된 아들딸이 권속이 되는데,

　　2부처 나라에 태어나 3천하를 교화한다.

　　금보영락의 금륜왕은 1,000명의 복된 아들딸이 권속이 되

는데,

시방 부처나라 중에 들어가 기쁨의 자리(환희지)에 거처한다.

銅寶瓔珞銅輪王 百福子爲眷屬 生一佛土教二天下

銀寶瓔珞銀輪王 五百子爲眷屬 生二佛國化三天下

金寶瓔珞金輪王 千福子爲眷屬 入十方國處歡喜地 (본업경)

(17) 3층의 어진 이(3현, 11~40)는

오직 굴복시킬 뿐 능히 끊지 못한다.

제11지(51) 중에서는 굴복시키기도 하고 끊기도 한다.

묘하게 깨친 슬기(묘각지, 52) 중에서는

오직 끊을 뿐 굴복시키지 못한다.

근본무명이 이미 영원히 다했기 때문이다.

三賢唯伏未能斷故 十一地中亦伏亦斷

妙覺智中唯斷非伏 根本無明已永盡故 (본업경소)

(18) 초지(41)에서 뒤 한자리(52)까지,

결과로 받는 것(과보)에 두 가지가 있다.

법 성질의 몸(법성신)과 응해 바뀐 법 몸(응화법신)이다.

수행이 10지十地를 지나가면 이해함이 부처와 같아,

부처가 앉는 곳에 앉아서 일체 경지를 본다.

從初後一果報二種 法性身及應化法身 (본업경)

行過十地解與佛同 坐佛坐處見一切境 (본업경)

(19) 범부의 수행(행동)을 버리고 부처 집안에 태어나

　　보살자리를 이어받아 성인의 무리 중에 들어가면,

　　4마귀가 이르지 못하고, 있고 없는 두 가지 치우침이 평등해

　　함께 비춤을 기쁨의 자리(환희지, 41)라 한다.

　　捨凡夫行生在佛家 紹菩薩位入聖衆中

　　四魔不到有無二邊 平等雙照名歡喜地 (본업경)

(20) 결과의 몸체는 둥글고 가득해 갖춰지지 않은 덕이 없고

　　두루하지 않은 진리가 없으며 맑고 깨끗한 나라 땅에 산다.

　　하나의 비추는 모습이고, 하나의 합친 모습이며,

　　하나의 몸체 모습이고, 하나의 깨친 모습으로,

　　깨끗하고 맑아 두 가지가 없다.

　　果體圓滿無德不備 理無不周居淸淨國

　　一照相一合相一體相一覺相 淨明無二 (본업경)

(21) 불자야, 나의 법은 바른 뜻이지만

　　선악이 함께 하나의 수행이라 할 수 있다.

　　묶임도 있고 풂도 있으며, 범부도 있고 부처도 있어,

　　백겁이 서로 이어지나 한 수행이다.

　　佛子我法正義 而可得言善惡同一行者

　　有縛有解有凡有佛 相續百劫同一行者 (본업경)

(22) 일체 선善함은 부처 결과를 받고,

무명無明은 함이 있는 생멸의 결과를 받는다.

따라서 선의 결과는 선한 원인을 따라 생기고,

악의 결과는 악한 원인을 따라 생긴다.

一切善受佛果 而無明受有爲生滅之果

是故善果從善因生 是故惡果從惡因生 (본업경)

(23) 마음이 움직이는 모습을 업 가리새(업식)라 하는데,

무명과 업이 더불어서 바른 원인(정인)이 되어

일체 생사의 결과를 두루 낳는다.

이를 여실한 인과 도리라 한다.

心動之相名爲業識 無明與業以爲正因

遍生一切生死之果 是謂如實因果道理 (본업경소)

(24) 괴로움 받기(고수)는 악한 세상에 있고,

낙수 사수 두 가지는 선한 세상에 있다.

이 중 즐거움 받기(낙수)는 제3선 아래이고,

선악이 아닌 것 받기(사수)는 제4선 이상이다.

苦受在於惡趣而 樂受捨受二在於善道

於中樂受三禪以下 其捨受者四禪已上 (본업경소)

【유무】

(25) 인연이 모였기 때문에 있다고 하지만,

그것이 있다는 말은 아니다.

인연이 흩어졌기 때문에 없다고 하지만,

그것이 없다는 말은 아니다.

따라서 있고 없음(유무)이 없다.

반야와 해탈 두 모습이 없다. 이른바 2진리가 비었다.

因緣集故有非是有 因緣散故無非是無

故有無無般若解脫 無二相故謂二諦空 (본업경)

(26) 있는 것이 없는 것이 아니므로,

참됨이 융합해서 속됨이 되고,

있는 것이 있는 것이 아니므로,

속됨이 융합해서 참됨이 된다.

인연으로 생긴다는 뜻은

없어진다는 것이지 생긴다는 것이 아니다.

모든 나고 죽음을 없앤다는 뜻, 이것이 옳다.

非有是無眞融爲俗 非有是有俗融爲眞

因緣所生義滅非生 滅諸生滅義是卽是 (본업경소)

(27) 거짓 법을 깨지 않기 때문에 비지 않았으나,

법이 법이 아니기 때문에 있는 것도 아니다.

법이 법이 아니기 때문에 둘(다름)이 아니나,

법 아닌 것도 아니기 때문에 하나(같음)도 아니다.

不壞假法不空 法非法故不有

法非法故不二 非非法故不一 (본업경)

(28) 세상 진리가 있기 때문에 비지 않았으나,

진리가 없어 비었기 때문에 있지도 않다.

2진리가 항상 이러하기 때문에 하나(같음)가 아니나,

성인의 비춤도 비었기 때문에 둘(다름)도 아니다.

世諦有故不空 無諦空故不有

二諦常故不一 聖照空故不二 (본업경)

(29) 부처가 있든 부처가 없든

법계는 변하지 않기 때문에 비지 않았으나,

둘이 없기 때문에 있는 것도 아니다.

부처가 없든 부처가 있든

법계는 두 모습이기 때문에 하나가 아니나,

법이 깨끗하기 때문에 둘도 아니다.

有佛無佛法界不變故不空 無二故不有

無佛有佛法界二相故不一 法淨故不二 (본업경)

(30) 부처가 다시 범부가 되기 때문에 비지 않았으나,

없는 것도 없기 때문에 있지도 않다.

비어서 실하기 때문에 하나가 아니나,

본바탕은 생기지 않았기 때문에 둘도 아니다.

佛爲凡夫故不空 無無故不有

空實故不一 本際不生故不二 (본업경)

(31) 과거 일체 법이 하나의 합친 모습이고,

현재 일체 법이 하나의 합친 모습이며,

미래 일체 법이 하나의 합친 모습이다.

법계 인연이 그윽이 없어져서 둘이 없다.

過去一切法一合相 現在一切法一合相 (본업경)

未來一切法一合相 法界因緣寂滅無二 (본업경)

【계율】

(32) 10계를 깨면 허물을 참회할 수 없어

바라이(구제할 수 없는 것)에 들어가서,

10겁 중에 하루에 받는 죄가 8만4천이다.

8만4천 생애야만 없애기 때문에 깨서는 안 된다.

破十戒不可悔過入波羅夷 十劫中一日

受罪八萬四千 滅八萬四千生故不可破 (본업경)

(33) 계율은 일체 수행과 공덕의 근본이다. (본업경)

단지 계율의 말을 이해하는 것만으로도

계戒를 잃지 않는다. (본업경)

열 가지 다함없는 계(10중계)를 받으면,

사마四魔와 삼계 괴로움을 뛰어넘는다. (본업경)

항상 수행인처럼 따르면 드디어 성불한다. (본업경)

戒一切行功德根本 但解戒語得戒不失

受十無盡越四魔三界苦 常隨行人成佛

(34) 만약 어떤 사람이 베풂 등 여러 선한 뿌리를 닦아서,

나는 세상 세상에서 열반에 들어가기를 바라지 않는다 해도

나는 이 사람은 반드시 열반에 들어간다고 한다.

인과의 도리는 털끝만한 어긋남도 없기 때문이다.

若人行施諸餘善根 願我世世莫入涅槃 (대비경)

我說是人必入涅槃 因果道理無毫釐違 (본업경소)

12. 『십문화쟁론』

원효대사의 『십문화쟁론十門和諍論』은 당시 불교의 중요 쟁점 열 가지를 2권으로 해석한 것이다. 그러나 불행히도 전문이 전해지지 않고 하권 일부만 1937년 해인사에서 목판본木版本으로 발견되었다. 이 목판은 고려 숙종 3년(1098)에 성헌成軒이 조판한 것인데, 이때 『화엄경소』와 『대승기신론소』도 함께 조판했다.

대부분의 원효대사의 글이 그렇듯이 이 『화쟁론』도 중국을 거쳐 인도로 들어갔다. 인도 인명론因明論의 대가인 진나陳那의 문하생들이 중국에 왔다가 『화쟁론』을 보고 가져간 것이다.

원효화상이 『화쟁론』을 지었는데, 진나의 문하생이 당나라에 왔다가 저 논을 가지고 인도로 돌아갔다.
元曉和尙 諍論製作 陳那徒唐土來 取彼論歸天竺國
(『일본불교전서』 92권, 103쪽)

통상 원효대사의 글을 보면, 이제 무엇을 풀이하는데, 몇 문으로 나눈다. 첫째는 무엇이고 둘째는 무엇이다 하는 식이다. 그러나 일부만 전해지고 게다가 머리 부분도 없으니, 10문의 이름도 내용도 잘 알지 못한다.

　동국대학교 이종익 교수는 원효의 여러 글을 참조하여 10문을 정리하기도 했다. 여기서는 남아 있는 글의 일부만 소개한다.

【내용】

(01) 그렇지 않은 것이 아니기 때문에 모두가 인정되지만,
　　　그런 것도 아니기 때문에 모두가 인정되지도 않는다.
　　　이는 그렇지 않은 것이 그렇다와 다르지 않은 것으로,
　　　비유하면 그 있다가 비었다와 다르지 않은 것과 같다.
　　　由非不然故得俱許 而亦非然故俱不許
　　　此之非然不異於然 喩如其有不異於空 (화쟁론)

(02) 그대가 이제 오직 말 같은 것으로 뜻을 취해,
　　　말로 할 수 있는 비유를 끌어오라는 것은,
　　　말 떠나는 법을 어렵게 한다. 단지 손가락 끝만 보고서
　　　그것이 달이 아니라고 꾸짖기 때문이다.
　　　(달이 아니라고) 꾸짖음과 (말 떠나는 법을) 어렵게 함이
　　　더욱 심해지면, 진리를 더욱 멀리 잃는다.
　　　汝今直爾如言取義 引可言喩難離言法
　　　但看指端責其非月 責難彌精失理彌遠 (화쟁론)

13. 『아미타경소』

『불설아미타경佛說阿彌陀經』은 구마라습鳩摩羅什이 번역한 1장으로 된 짧은 글이다. 따라서 소경小經, 소무량수경小無量壽經이라 한다. 묻는 이 없이 석가께서 스스로 말씀하신 무문자설경無問自說經에 속한다.

* 정토삼부경淨土三部經

『아미타경』 1권(소경, 소무량수경) : 후진의 구마라습 역
『무량수경』 2권(대경, 양권, 쌍권경) : 위魏의 강승개 역
『관무량수경』 1권(관경, 16관경) : 유송의 강량야사 역

아미타불阿彌陀佛은 미타彌陀, 무량수無量壽, 무량광無量光, 무애광無礙光이라고도 하는데, 과거에는 법장비구法藏比丘였고, 그 이전에는 국왕國王이었다. 비구 시절에 자타自他가 함께 성불하기를 바라는 48원願을 세워 모든 중생을 구제했으며, 뒤이어 부처가 되었다.

이 경은 성인이든 중생이든 누구든지 정토淨土에 갈 수 있음을 밝히고 있으며, 또한 그 땅의 공덕(의보공덕) 15가지와 중생의 공덕(정보공덕) 네 가지 등 19공덕을 밝히고 있다.

【대의】

(01) 무릇

　　중생의 마음이 마음이 되니,

　　모습도 떠나고 성질도 떠나,

　　바다 같고 하늘 같다.

　　하늘 같기 때문에 아우르지 않는 모습이 없으니,

　　어디에 동쪽 서쪽이란 곳이 있겠으며,

　　바다 같기 때문에 지키지 않는 성질이 없으니,

　　어찌 움직이고 조용한 때가 없겠는가?

　　夫衆生心之爲心也

　　離相離性如海如空

　　如空之故無相不融 何有東西之處

　　如海之故無性是守 豈無動靜之時 (아미타경소)

(02) 이에

　　혹은 물든 업으로 인해

　　다섯 가지 탁함(오탁)을 따라 오래 흐르기도 하고,

　　혹은 깨끗한 인연을 이어받아

172

네 가지 흐름(사류)을 끊고 아주 고요하기도 하다.

만약 이 움직임과 조용함이 모두 큰 꿈이라면,

깨침에서 그것을 바라보면 흐름도 없고 고요함도 없다.

爾乃

或因染業 隨五濁而長流 或承淨緣 絶四流而永寂

若斯動靜皆是大夢 以覺望之無流無寂 (아미타경소)

(03) 더러운 땅과 깨끗한 나라가 본디 한마음이다.

나고 죽음과 열반이 결국 2세상이 없다.

그러나

둘이 없는 깨침, 그것을 얻기가 참으로 어렵다.

하나의 꿈에 헤매는 것, 그것을 보내기가 쉽지 않다.

때문에

큰 성인의 자취에 멂도 있고 가까움도 있으며,

풀이하신 가르침도 혹은 넓고 혹은 좁다.

穢土淨國本來一心 生死涅槃終無二際

然

無二之覺取之良難 迷一之夢去之不易

所以

大聖垂跡有遐有邇 所陳言教或褒或貶 (아미타경소)

(04) 그리하여,

석가모니 부처가 이 더러운 땅에 나투셔서

오탁을 경계하여 극락에 태어나기를 권하셨고,

미타 여래가 저 깨끗한 나라를 다스려서

3무리를 이끌어 극락에 태어나게 인도하셨다.

至如

牟尼善逝現此穢土 誠五濁而勸往

彌陀如來御彼淨國 引三輩而導生 (아미타경소)

(05) 이제 이 아미타경은 이에,

부처님께서 세상에 오신 큰 뜻이요,

네 무리가 도에 들어가는 긴요한 문이다.

깨끗한 땅은 바랄 수 있는 것임을 보였고,

묘한 덕은 돌아갈 수 있는 것임을 기렸다.

今是經者 斯乃

兩尊出世之大意 四輩入道之要門

示淨土之可願 讚妙德而可歸 (아미타경소)

(06) 묘한 덕에 돌아갈 수 있는 것은,

귀로 경의 이름을 들으면,

곧 한 수레에 들어가 되돌림이 없고,

입으로 부처 이름을 외면,

곧 삼계를 벗어나 돌아오지 않는 것이다.

하물며 예로써 절하고 오로지 생각하며

기려서 읊고 보고 살핌이야.

妙德可歸者

耳聞經名 則入一乘而無反

口誦佛號 則出三界而不還

何況禮拜專念 讚詠觀察者哉 (아미타경소)

(07) 깨끗한 땅을 바랄 수 있는 것은,

금빛 묘한 연꽃 못에서 목욕하니,

곧 생김이 있는 물든 씨를 떨치는 것이며,

구슬나무 전단 숲에 노니니,

곧 죽음이 없는 성인의 결과로 나아가는 것이다.

게다가

부처님 빛을 보고 모습 없음에 들어가며,

부처님 말씀을 듣고 생김 없음을 깨침이야!

淨土可願者

浴於金妙蓮池 則離有生之染因

遊玉樹栴檀林 則向無死之聖果

加復 見佛光入無相 聞梵響悟無生 (아미타경소)

(08) 그 뒤

다섯째 지관止觀 문을 나와 삶, 죽음에 매인 동산을 돌아서

번뇌의 숲을 쉬게 하니,

한 걸음도 떼지 않아 시방세계에 두루 노닐며,

한 생각도 펴지 않아 가없는 삼세를 두루 나타낸다.

이것이 즐거움이 되고, 뛰어난 건너감이 되니

극락이란 소리가 어찌 헛것이겠는가?

然後

乃從第五門出 回嚮生死之苑

憩煩惱之林

不從一步 普遊十方世界

不舒一念 遍現無邊三世

其爲樂也可勝度乎 極樂之稱豈虛也哉 (아미타경소)

(09) 불설(부처가 말씀하신)이란 말은

부처님 입에서 나온 것으로

천 대를 지나도 끊어지지 않는 가르침이며,

아미타란

실제 덕을 포함해서 세웠으니

만 겁을 지나도 다함이 없다는 이름이다.

하는 것과 하는 곳을 합쳐 들어 제목으로 했기 때문에

불설아미타경이라 했다.

言佛說者 從金口之所出 千代不刊之教

阿彌陀者 含實德之所立 萬劫無盡之名

能所合擧以標題目 故言佛說阿彌陀經 (아미타경소)

【극락국토】

(10) 부처님이 장로 사리불에게 말씀하셨다.

　　　여기에서 서쪽으로 10만억 부처 땅을 지나가면,

　　　세계가 있는데 극락이라 이름한다.

　　　아미타불이 지금 현재 설법하고 계신다.

　　　佛告長老舍利弗 從是西過十萬億佛土

　　　有世界名曰極樂 阿彌陀佛今現在說法 (아미타경)

(11) 그 나라의 중생은 뭇 괴로움이 없다.

　　　단지 모든 즐거움만 받는다. 따라서 극락이라 한다.

　　　저 부처 나라의 땅에는 항상 하늘 음악이 흐른다.

　　　땅은 황금으로 되었으며, 만다라꽃이 하늘비 같이 내린다.

　　　其國衆生無有衆苦 但受諸樂故名極樂 (아미타경)

　　　彼佛國土常作天樂 黃金爲地天雨曼華 (아미타경)

(12) 그 나라의 중생들은 언제나 깨끗한 아침에

　　　각각 옷을 여러 묘한 꽃들로 장식해서는

　　　다른 곳 10만억 부처에게 공양하며,

　　　밥 먹을 때 본나라에 돌아와 밥을 먹고는 경을 닦는다.

　　　其國衆生常以淸旦 各以衣裓盛衆妙華

供養他方十萬億佛 食時還國飯食經行 (아미타경)

(13) 저 부처의 빛은 밝기가 한량없어 시방을 비춰도

　　장애됨이 없기 때문에 아미타라 부른다.

　　저 부처와 백성의 수명은 한량없는

　　아승기겁이기 때문에 아미타라 부른다.

　　彼佛光明無量 照十方無所障故阿彌陀

　　彼佛人民壽命無量 阿僧祇劫故阿彌陀 (아미타경)

(14) 극락 나라의 땅에 중생으로 태어나는 이는

　　모두 아비발치(물러서지 않음)이다.

　　그중에는 한 생애 동안 부처를 잇는 보살(일생보처)도 많은데,

　　그 수가 매우 많아서 숫자로 셈할 수 없다.

　　極樂國土衆生者 皆卽是阿鞞跋致也

　　其中多有一生補處 其數甚多非是算數 (아미타경)

(15) 사리불아, 작은 선한 뿌리의 복과 덕의 인연으로는

　　저 나라에 태어날 수 없다.

　　앞서 피운 큰마음의 씨를 잃지 않아야

　　인연을 지어 저 나라에 태어난다.

　　舍利弗 不可少善根福德因緣得生彼國 (아미타경)

　　先發大心種子不失 故得作因以生彼國 (아미타경소)

(16) 선남자 선여인이 아미타불의 말씀을 듣고
　　　이름을 받아 지니면,
　　　하루, 이틀, 나아가 이레가 되면
　　　한마음이 어지럽지 않게 된다.
　　　善男子善女人 聞說阿彌陀佛執持名號
　　　若一日若二日 乃至若七日一心不亂也 (아미타경)

(17) 그 사람은 목숨이 끝날 때에
　　　아미타불이 모든 성인 무리와 더불어 그 앞에 나타난다.
　　　이 사람은 목숨이 끝날 때도 마음이 뒤집혀지지 않는다.
　　　곧 아미타 부처의 극락국토에 가서 태어난다.
　　　其人終時 阿彌陀佛與諸聖衆現在其前
　　　是人終時心不顚倒 卽得往生極樂國土 (아미타경)

(18) 만약 어떤 선남자 선여인이
　　　이 경을 듣고 지니며 모든 부처 이름을 들으면,
　　　물러서지 않는 위없는 바른 깨침을 얻기 때문에,
　　　일체 모든 부처가 마음으로 보호하는 경이라 한다.
　　　若有善男子善女人 聞持是經聞諸佛名
　　　得不退無上菩提故 一切諸佛所護念經 (아미타경)

(19) 나는 다섯 가지 탁하고 악한 세상에서,

이 어려운 일을 닦아 위없는 바른 깨침을 얻어,

일체 세간을 위해 이 믿기 어려운 법을 말했다.

이것은 매우 어려웠다.

我於五濁惡世 行此難事得阿耨菩提

爲一切世間說此難信之法 是爲甚難 (아미타경)

14. 『열반경종요』

『열반경涅槃經』은 석가모니 부처가 열반하신 인도 구시나가라성城 사라나무숲에서 2월 15일 하루 낮밤 동안에 말씀하신 경이다.

원래 이름은 『대반열반경大般涅槃經』인데, 이의 번역에는 세 가지가 있다. 하나는 동진東晉 때 법현法顯이 번역한 6권 『대반니원경大般泥洹經』(18품)이고, 둘째는 북량北涼 때 담무참曇無讖이 번역한 40권 『대반열반경』(13품, 북본北本)이며, 셋째는 유송劉宋 때 혜엄慧嚴이 번역한 36권 『대반열반경』(25품, 남본南本)이다.

이 중 둘째 40권을 북본北本이라 하며, 셋째 36권을 남본南本이라 한다.

『대반열반경』 남본南本은 25품으로 되어 있는데, 내용은 이러하다.

서품序品, 순타품純陀品, 애탄품哀歎品, 장수품長壽品, 금강신품金剛身品, 명자공덕품名字功德品, 4상품四相品, 4의품四依品, 사정품邪正品, 4제품四諦品, 4도품四倒品, 여래성품如來性品, 문자품文字品, 조유품鳥喩品, 월유품月喩品, 보살품菩薩品, 일체대중소문품一切大衆所問

品, **현병품**現病品, **성행품**聖行品, **범행품**梵行品, **영아행품**嬰兒行品, **덕왕보살품**德王菩薩品, **사자후보살품**獅子吼菩薩品, **가섭보살품**迦葉菩薩品, **교진여품**憍陳女品

원효는 36권 남본을 주로 하고, 6권 『니원경』을 참조해서 종요를 썼다. 종宗은 전체적 요점이란 뜻이고, 요要는 부분적 요점이란 뜻인데, 합쳐 요점정리라 할 수 있다. 니원泥洹과 열반涅槃은 같은 뜻으로 모두 인도 말 니르바의 한역이다.

『대정신수대장경』에는 『열반종요涅槃宗要』라 되어 있으나, 『동문선』 제83권에는 『열반경종요서涅槃經宗要序』라고 되어 있어, 경經을 넣기로 한다.

【대의】

(01) 무릇 열반의 도는

도가 없으나 도 아닌 것이 없고,

머묾이 없으나 머묾 아닌 것이 없다.

따라서 이 도는 아주 가깝고 아주 멀며,

이 도를 깨친 이는 아주 고요하고 아주 시끄럽다.

原夫 涅槃之爲道也 無道而無非道 無住而無非住

是知其道 至近至遠 證斯道者 彌寂彌喧 (종요)

(02) 아주 시끄럽기 때문에

여덟 가지 소리를 널리 진동시켜,

허공에 두루해 쉼이 없고,

아주 고요하기 때문에

열 가지 모습을 멀리 떨쳐,

참 진리와 같아져 맑음 그대로다.

아주 멀기 때문에

가르침을 따라 그곳에 가려면,

천 겁을 지나도 다다를 수 없으나,

아주 가깝기 때문에

말을 잊고서 그것을 찾으면,

한 생각도 지나지 않아서 저절로 만난다.

彌喧之故普震八聲 遍虛空而不息

彌寂之故遠離十相 同眞際而湛然

由至遠故隨教逝之 綿歷千劫而不臻

由至近故忘言尋之 不過一念而自會 (종요)

(03) 지금 이 열반경은 이에 곧,

　　부처 법의 큰 바다요,

　　큰 수레의 감춰진 곳간이다.

　　그 가르침은 가늠하기 어렵다.

　　참으로 비고 넓어 가없고,

　　깊고 깊어 밑이 없다.

밑이 없기 때문에 끝까지 다하지 않은 것이 없고,

가없기 때문에 갖춰지지 않은 것이 없다.

今是經者 斯乃 佛法之大海 方等之秘藏

其爲敎也 難可測量 良由

曠蕩無涯 甚深無底 以無底故

無所不窮 以無涯故 無所不該 (종요)

(04) 뭇 경전의 요점을 통합해

만 갈래를 한 맛으로 돌아가게 했으며,

부처 뜻의 지극한 공평함을 열어

백 개 집안의 다른 논쟁을 아울렀다.

그리하여 헤매는 4중생이

모두 둘도 없는 진실한 성질에 돌아가게 했으며,

꿈꾸고 꿈꾸는 긴 잠으로부터

모두 큰 깨침의 지극한 결과에 이르게 했다.

統衆典之部分 歸萬流之一味

開佛意之至公 和百家之異諍

遂使

擾擾四生 僉歸無二之實性

夢夢長睡 並到大覺之極果 (종요)

(05) 지극한 결과의 큰 깨침은

진실한 성질(실성)을 몸체로 해서 마음을 없애는 것이며,

진실한 성질이 둘이 없음은

참과 거짓(진망)을 섞어서 하나로 만드는 것이다.

이미 둘이 없는데 어찌 하나가 있겠으며,

참과 거짓이 섞였는데 누가 그것을 진실이라 하겠는가.

이에 곧 진리와 슬기가 모두 없어지고,

이름과 뜻도 이에 끊어진다.

이를 열반의 그윽한 뜻(현지)이라 한다.

極果之大覺也 體實性而亡心

實性之無二也 混眞妄而爲一

旣無二也 何得有一 眞妄混也 孰爲其實

斯卽 理智都亡名義斯絶 是謂涅槃之玄旨也 (종요)

(06) 다만 모든 부처는 깨쳐 머물지는 않지만,

응하지 않은 것이 없고 말하지 않은 것이 없다.

이를 열반의 지극한 가르침(지교)이라 한다.

그윽한 뜻(현지)을 없앴으나 일찍이 고요한 적이 없고,

지극한 가르침(지교)을 말했으나 일찍이 말한 적이 없다.

이를 진리와 가르침이 한 맛이다(이교일미)라고 한다.

但以諸佛證而不住 無所不應無所不說

是謂涅槃之至敎也

玄旨亡而未嘗寂 至敎說而未嘗言

是謂理敎之一味也 (종요)

(07) 따라서 글을 가득히 들은 이는

　　 털구멍까지 모두 이로움을 입게 되고,

　　 반쯤 글귀라도 구한 이는

　　 뼈마디가 부러짐도 돌보지 않게 되며,

　　 극악무도한 죄를 지은 이도

　　 이 경을 믿어서 능히 없앨 수가 있고,

　　 좋은 바탕이 끊어진 이도

　　 이 가르침에 의해 되살릴 수 있다.

　　 爾乃

　　 聽滿字者 咸蒙毛孔之益 求半偈者 不顧骨髓之摧

　　 造逆罪者 信是經而能滅 斷善根者 依玆敎而還生 (종요)

【이름 풀이】

(08) 대반열반이란 말은 만약 범어로 갖춰 말하면

　　 마땅히 "마하반열반나"라 해야 한다.

　　 이를 우리나라 말로 옮기면

　　 대, 멸, 도(크게, 없어져, 건너감)이다.

　　 여래가 깨쳤던 도를 밝히려 했기 때문이다.

　　 所言大般涅槃者

　　 若其具存西域之音 應謂摩訶般涅槃那

此土譯之云大滅度 欲明如來所證之道 (종요)

(09) 몸체는 바깥이 없는 데까지 두루하고,

　　　하는 일은 모든 중생에게 두루하다.

　　　넓게 둘러싸서 멀리 구제하니 이에 앞서는 것이 없다.

　　　앞서는 것이 없다는 뜻에 의해 대(큼)라고 한다.

　　　큰 몸체와 크게 하는 일은 둘도 아니고 다른 것도 아니다.

　　　體周無外周遍有情 廣包遠濟莫是爲先

　　　依莫先義故名爲大 大體大用無二無別 (종요)

(10) 이미 이를 저쪽 언덕이 없는데

　　　어찌 떠날 이쪽 언덕이 있겠는가?

　　　떠날 곳이 없기 때문에 떠나지 못할 곳도 없다.

　　　따라서 대멸(크게 없어짐)이라 한다.

　　　이를 곳이 없기 때문에 이르지 못할 곳도 없다.

　　　바야흐로 대도(크게 건너감)가 된다.

　　　이런 뜻 때문에 이름이 대멸도大滅度이다.

　　　경經이란 말은 큰 성인의 모범되는 말이니

　　　시방(공간)을 꿰어서 한 진리로 했으며

　　　천 대(시간)를 지나도 두 가지가 아니다.

　　　법이 또 항상하기 때문에 경이라 했다.

　　　旣無彼岸可到 何有此岸可離

無所離故無所不離 乃爲大滅

無所到故無所不到 方是大度

以是義故名大滅度

所言經者大聖格言

貫千方而一揆 歷千代而莫二

法而且無常故名爲經 (종요)

【일미】

(11) 이 경은 바로 한 생애의 마지막 날에 즈음하여,

　　모든 부처의 큰 뜻을 궁극적으로 드러내 보였다.

　　근기에 따라 말씀하신 모든 가르침으로,

　　한 맛의 도道요, 둘이 없는 성질이다.

　　此經正臨一化終日 究竟顯示諸佛大意

　　隨機所說一切言教 一味之道無二之性 (종요)

(12) 일체 모든 법은 나지도 않고 죽지도 않는다.

　　자기 성질이 본디 열반에 들어가 있다.

　　번뇌와 생사는 결국 몸체가 없다.

　　본디 생기지 않아서 실제 다시 없어지는 것도 없다.

　　一切諸法不生不滅 自性本來入於涅槃 (10권능가경)

　　煩惱生死畢竟無體 本來不生實更無滅 (점찰경)

(13) 모든 법은 먼저 있다가 지금 없는 것이 아니다. (대품경)

　　부처가 있든 부처가 없든, 법의 성질은 항상 비었다. (대품경)

　　성질이 빈 것이 곧 열반이다. (대품경)

　　여래 역시 비었으며, 대반열반 역시 비었다. (열반경)

　　諸法先有而非今無 有佛無佛法性常空 (대품경)

　　諸法性空卽是涅槃 如來亦空大般亦空 (열반경 덕왕품)

(14) 공이 일체 나고 죽음이다.

　　내가 없는 것이 일체 나고 죽음이다.

　　나고 죽음과 열반, 이 둘은 모두 허망하다.

　　어리석음과 슬기 이 두 가지도 모두 진실이 없다.

　　空者卽是一切生死 無我卽是一切生死 (열반경)

　　生死涅槃是二虛妄 愚智是二俱無眞實 (화엄경)

(15) 배워 깨침(성문)은 괴로움을 두려워해 즐거운 덕을 막는다.

　　저 괴로움이 곧 큰 즐거움임을 알지 못하기 때문이다.

　　다섯 덩어리(오음)가 곧 법신임을 다 알지 못한다.

　　변화가 곧 참임을 다 알지 못한다.

　　聲聞畏苦障於樂德 不知彼苦卽是大樂 (종요)

　　不了五陰卽是法身 不了是化卽是眞也 (종요)

(16) 열반은 곧 있는 그대로의 진리로

범부와 성인이 한 맛으로 같은 모습의 열반이다.

이제 나는 이 몸이 곧 열반이다.

이러이러한 모든 법은 평등하다.

涅槃卽是如如理也 凡聖一味同相涅槃 (종요)

今我此身卽是涅槃 如是如是諸法平等 (열반경 대품경)

(17) 이 열반의 여러 이름은 곧

성질이 깨끗한 진여불성의 다른 이름이다.

모든 경전이 오직 한 맛임을 나타내기 위한 것이고,

모든 경의 다른 글이 같은 뜻임을 나타내기 위한 것이다.

是涅槃者衆多名卽 性淨眞如佛性異名

爲顯諸經唯一味故 爲顯諸經異文同旨 (종요)

(18) 만약 어떤 사람이 선한 뿌리가 끊긴 이에게,

정말로 부처 성질이 있다거나

정말로 부처 성질이 없다고 한다면,

이를 치답置答이라 한다. 나 역시 말하지 않겠다.

내버려두고 대답하지 않아서 치답으로 하겠다.

若有說言斷善根者 定有佛性定無佛性

是名置答我亦不說 置而不答乃說置答 (열반경)

(19) 한마음 법에 두 가지 뜻(1심법2종의)이 있다.

물들지 않았으나 물든 것(불염이염)과

물들었으나 물들지 않은 것(염이불염)이다.

물들었으나 물들지 않은 것은

한 맛으로 그윽이 고요한 것(일미적정)이고,

물들지 않았으나 물든 것은

6도에 흘러 도는 것(유전육도)이다.

於一心法有二種義 不染而染染而不染

染而不染一味寂靜 不染而染流轉六道 (종요)

(20) 만약 덕과 잘못이 서로 대응하는 문으로 나아가면,

나고 죽음은 비었으나 열반은 비지 않았다.

만약 서로 기다려 자기 모습이 없는 문으로 나아가면,

나고 죽음과 열반 등은 자기 성질이 없다.

若就德患相對之門 生死是空涅槃不空

若就相待無自相門 生死涅槃等無自性 (종요)

(21) 모습을 떠났기 때문에 더러움도 없고 깨끗함도 없으며,

성질을 떠났기 때문에 물들기도 하고 깨끗하기도 하다.

물들고 깨끗함이 되기 때문에

혹은 중생이라 하고 혹은 생사라 하며

또한 여래라 하고 또한 법신이라 한다.

以離相故不垢不淨 以離性故亦染亦淨

染淨故或名衆生名生死 名如來名法身 (종요)

【열반】

(22) 열반은 끝나는 원인(요인)이 나타난 것이지만,

역시 생기는 원인(생인)이 일어난 것이라 할 수 있다.

마치 보리(깨침)를 생기는 원인이 생긴 것이라 하지만,

역시 끝나는 원인이 끝난 것이라 하는 것과 같다.

當知涅槃了因所顯 而亦得言生因所起

如說菩提生因所生 而亦有說了因所了 (종요 정리)

(23) 번뇌 끊음을 열반이라 하지 못한다.

번뇌가 생기지 않음을 열반이라 한다.

선남자야, 모든 부처 여래는

번뇌가 일어나지 않는데, 이를 열반이라 한다.

斷煩惱者不名涅槃 不生煩惱乃名涅槃

善男子 諸佛如來煩惱不起是名涅槃也 (열반경 덕왕품)

(24) 열반은 그윽하다(적정)는 뜻이고,

법신(법 몸)은 쌓였다(적집)는 뜻이며,

반야(슬기)는 끝까지 비춘다(조달)는 뜻이고,

해탈(벗어남)은 묶임을 떠난다(이박)는 뜻이다.

따라서 네 가지가 다름이 없지 않음을 알 수 있다.

涅槃是寂靜義 法身是積集義 般若是照

達義 解脫是離縛義 故知四種無非別也 (종요)

(25) 법신, 반야, 해탈 셋을 갖추어야 곧 열반을 이루고

범어 이(∵)자를 이룬다.

대열반은 모습도 떠나고 성질도 떠나서

빈 것도 아니고 비지 않은 것도 아니며,

본질도 아니고 본질이 없는 것도 아니다.

法身般若解脫具三 乃成涅槃成梵語伊 (종요)

又大涅槃離相離性 非空不空非我無我 (종요)

(26) 여래의 몸은, 몸이 아니지만 몸이고,

가리새가 없지만 가리새이며,

마음을 떠났지만 또한 마음을 떠나지 않았고,

장소가 없지만 또한 장소가 있으며,

집이 없지만 또한 집이 있고,

형상도 아니고 모습도 아니지만 여러 모습이 장엄하다.

如來之身非身是身 無識是識離心不離

無處亦處無宅亦宅 非像非相諸相莊嚴 (금강신품)

(27) 법신의 몸체는 본디 맑음 그대로다.

본래 없다가 지금 있는 것이 아니기 때문에,

먼저 있다가 뒤에 없는 것도 아니다.

모든 부처는 본래 생기지 아니했다.

본래 적정하기 때문이다.

法身之體本來湛然 以非本無今有故也 (종요)

非先有後無 諸佛本不生而本來寂靜故 (게송)

(28) 응화2신은 몸과 슬기가 오히려 있어서

남김 있다(유여)고 하고,

생사의 일체 허물을 떠났기 때문에 열반이라 한다.

법신 중에서는 몸과 슬기가 평등해서

남김 없다(무여)고 하고, 일체 모습을 떠나

결국 그윽이 없어지기 때문에 열반이라 한다.

應化二身身智猶在 名曰有餘 卽離生死一切過患 故名涅槃

於法身中身智平等 名爲無餘 離一切相畢竟寂滅 故名涅槃 (종요)

(29) (응화) 두 몸(2신)이 나고 죽음은 진여와 같지 않기 때문에

저 열반에 머물지 않고,

법 몸(법신)은 모습을 떠나서 진여와 다름이 없기 때문에

그 열반에 머물지 않는다.

二身生滅不同眞如 是故不住於彼涅槃

法身離相無異眞如 故非能住於其涅槃 (종요)

194

【불성과 중생】

(30) 불성은 원인도 있고 원인의 원인도 있으며,

　　결과도 있고 결과의 결과도 있으나 그 성질은 한마음이다.

　　(인법) 두 가지 빈 진여가 곧 불성이다.

　　삼보가 한 몸체인 것(삼보일체)이 곧 불성이다.

　　佛性有因有因因有果有果果 其性一心 (사자후품)

　　二空眞如卽是佛性 三賓一體卽是佛性 (종요)

(31) 12인연을 불성이라 하고,

　　불성을 첫째가는 뜻의 빈 것(제1의공)이라 하며,

　　이것을 중도라 하고, 중도를 불성이라 하며,

　　불성을 열반이라 한다.

　　十二因緣名爲佛性 佛性者名第一義空

　　此名中道中道名佛性 佛性者名爲涅槃 (사자후품)

(32) 있고 없음이 합쳐지기 때문에 중도라 한다.

　　따라서 불성은 있는 것도 아니고 없는 것도 아니다.

　　여래 불성은 과거도 아니고 현재도 아니며 미래도 아니다.

　　전부를 보기 때문이다.

　　有無合故是名中道 是故佛性非有非無 (열반경)

　　如來佛性非過去非現在非未來 具見故 (열반경)

(33) 한마음이 물듦을 따라, 모든 법을 통틀어 다스려서,

곳곳마다 생김 받는 것을 중생이라 한다.

생긴 것은 반드시 없어지니 한결같이 변하기 때문이다.

손을 들어 머리를 낮춰야 부처 도를 이룬다.

一心隨染總御諸法 處處受生說名衆生 (종요)

生者必滅一向變故 擧手低頭皆成佛道 (종요)

(34) 모든 중생 모두에게 다 마음이 있다.

무릇 마음 있는 자는 반드시 위없는 깨침을 이룬다.

한 중생도 미래 결과를 포함하지 않는 것이 없다.

미래 결과를 포함한 이는 반드시 큰 깨침을 이룬다.

一切衆生悉皆有心 凡有心者當得菩提 (열반경)

無一有情不含當果 含當果者必成大覺 (종요)

(35) 일체 중생이 열반의 모습과 같다.

닦을 모습도 없고 지을 모습도 없다.

범부와 성인, 생사와 열반이

같은 것도 아니고 다른 것도 아니며,

있는 것도 아니고 없는 것도 아니다.

一切衆生同涅槃相 非可修相非可作相 (정명경) (기신론)

當知凡聖生死涅槃 不一不異非有非無 (종요)

(36) 반드시 번뇌가 있어야 삶 죽음을 없앤다.

번뇌는 땔나무가 되고, 슬기는 불이 된다.

이런 인연으로 열반이란 밥을 짓는다.

모든 제자들 모두 맛있게 먹이기 위함이다.

要有煩惱乃滅生死 煩惱爲薪智患爲火 (종요)

以是因緣成涅槃食 令諸弟子皆悉甘嗜 (열반경)

(37) 저 사람이 비록 실제로 불성을 보았지만,

이것이 불성이라고 능히 알아서 말을 못할 뿐이다.

마치 눈 가리새가 푸른 것을 보고도

푸른 것을 알지 못하는 것과 같다.

비록 푸르다고 말은 못하지만, 실제로 푸른빛을 봤다.

彼人雖實得見佛性 而未能知謂是佛性

如眼識見靑不知靑 雖未謂靑而實見靑 (종요)

(38) 저 눈먼 사람이 각각 코끼리를 설명하면,

비록 진실은 얻지 못하지만,

코끼리를 설명하지 않은 것은 아니다.

한 맛의 약이 그 흐르는 곳을 따라

여러 가지 맛이 되지만, 그 참맛은 산에 머물러 있다.

如彼盲人各各說象 雖不得實非不說象

一味之藥隨其流處 有種種味眞味在山 (종요)

(39) 마음은 원인도 아니고 결과도 아니며,

참됨도 아니고 속됨도 아니며, 사람도 아니고 법도 아니며,

일어남도 아니고 엎드림도 아니다.

(또) 마음은 일어나기도 하고 엎드리기도 하며,

법도 짓고 사람도 지으며, 속됨도 되고 참됨도 되며,

원인도 짓고 결과도 짓는다.

心非因非果非眞非俗 非人非法非起非伏

心爲起爲伏作法作人 爲俗爲眞作因作果 (종요)

(40) 모든 경의 다른 글이 같은 뜻이고 한 맛이다.

한 불성에 이런 여러 이름을 세웠을 뿐이다.

그런 것이 아니기 때문에 여러 말씀이 모두 틀리나,

그렇지 않은 것도 아니기 때문에 여러 뜻은 모두 맞다.

諸經異文同旨一味 於一佛性立是諸名 (종요)

以非然故諸說皆非 非不然故諸義皆是 (종요)

(41) 만약 말 같은 것을 취하면 둘을 모두 잃는다.

서로 다르다고 다툼은 부처 뜻을 잃기 때문이다.

만약 두 이야기에 정말로 집착하지 않으면 모두 얻는다.

법문은 거리낌이 없어 서로 방해하지 않기 때문이다.

若如言取二說皆失 互相異諍失佛意故

若非定執二說俱得 法門無礙不相妨故 (종요)

(42) 여래께서는 오늘 밤중에 남김 없는 열반(무여열반)에

　　 드신다. 마치 땔나무가 다 타고 불이 없어지는 것과 같다.

　　 처음 도를 얻은 날 밤부터, 열반하신 날 밤까지,

　　 그 두 밤 사이에 (여래는) 한 마디 말씀도 하지 않았다.

　　 如來今日夜中入無餘涅槃 如薪盡火滅 (법화경)

　　 初得道夜至涅槃夜 二夜中間不說一字 (이야경)

15. 『유심안락도』·『무량수경종요』

『아미타경』, 『무량수경』, 『관무량수경』 셋을 정토삼부경淨土三部經이라 한다. 깨끗한 땅(정토)에 대한 세 경전(삼부경)이란 뜻이다. 물론 이 외에도 여러 경전이 있다.

정토淨土는 극락極樂, 안락安樂, 안양安養, 낙방樂邦, 청태淸泰, 밀엄密嚴, 무량수불토無量壽佛土, 무량광명토無量光明土, 무량청정토無量淸淨土, 연화장세계蓮華藏世界 등등으로 쓰이는데 이상적인 세계를 말한다.

---

* 기타 정토 경견

『미륵소문경』 1권(미륵보살소문본원경)‥서진西晉의 축법호 역
『대보적경』 120권(일종의 혼합경)·········북위北魏의 보리류지 역
『무량수경론』 1권(왕생론, 정토론 등)······북인도의 세친(천친) 저, 보리유지 역
『미륵소문경론』(미륵보살소문경론)········후위後魏의 보리유지 역

『아미타경阿彌陀經』은 글이 적어 소경小經, 소무량수경小無量壽經이라고도 하는데, 제자의 질문 없이 석가가 스스로 말씀하신 것으로 무문자설경無問自說經이라 한다. 석가가 사위국 기원정사에서 사리불 등 1,250명에게 극락의 모습과 사람들의 모습을 말씀한 것이다. 1권으로, 후진의 구마라습이 번역하였다.

『무량수경無量壽經』은 글이 많아 대경大經이라 하며 2권으로 되어 있어 양권경兩卷經, 쌍권경雙卷經, 양권무량수경兩卷無量壽經이라고도 한다. 석가가 왕사성 기사굴산에서 아난존자를 상대로 극락에 가고 못 가고를 말씀하신 것이다. 위魏의 강승개가 번역하였다.

『관무량수경觀無量壽經』은 줄여서 『관경觀經』이라 하는데, 극락의 16가지 모습을 보여주므로 『16관경觀經』이라고 한다. 석가가 아난존자와 위제희 왕비를 위해 극락세계의 16가지 모습을 보이고 극락에 가서 태어남을 말씀하신 것이다. 1권으로, 유송의 강량야사가 번역하였다.

『무량수경론無量壽經論』은 세친(천친)이 지었는데, 갖춘 이름은 『무량수경우바제사원생게』다. 간단히 왕생론, 정토론, 왕생정토론, 원생론, 원생게, 천친론 등이라 한다.

『유심안락도遊心安樂道』는 『무량수경종요無量壽經宗要』를 확대 증보한 것으로, 9품중생九品衆生을 논한다. 마음을 극락에 노닐게 하는 길이란 뜻이다(『무량수경종요』는 생략함).

【중생심성】

(01) 무릇,

　　중생의 마음성질은 둥글게 통해 걸림이 없다.

　　크기는 빈 하늘과 같고,

　　맑기는 큰 바다와 같다.

　　빈 하늘과 같기 때문에 그 몸체가 평등해서

　　특별한 모습은 없으나 얻을 수는 있다.

　　어디에 깨끗하고 더러운 곳이 있겠는가?

　　큰 바다와 같기 때문에 그 성질이 매끄러워

　　능히 인연을 따르나 거스름은 없다.

　　어찌 움직이고 조용한 때가 없겠는가?

　　然夫

　　衆生心性融通無礙 泰若虛空湛猶巨海

　　若虛空故其體平等 無別相而可得

　　何有淨穢之處 猶巨海故其性潤滑

　　能隨緣而不逆 豈無動靜之時 (안락도)

(02) 이에

　　혹은 먼지바람으로 인해

　　오탁에 빠져 오래 구르기도 하고,

　　괴로운 물결에 잠겨 오래 흐르기도 하며,

　　혹은 선한 힘을 이어받아

네 흐름(사류)을 끊고 돌아오지 않아서,

저 언덕에 이르러 아주 고요하기도 하다.

만약

이 움직임과 고요함이 모두 큰 꿈이라면,

깨침에서 말하면 이쪽도 없고 저쪽도 없다.

더러운 땅과 깨끗한 나라가 본디 한마음이다.

생사와 열반 마침내 두 세계가 없다.

爾乃

或因塵風 淪五濁而久轉 沈苦浪而長流

或承善力 截四流而不還 至彼岸而永寂

若斯動寂皆是大夢 以覺言之無此無彼

穢土淨國本來一心 生死涅槃終無二際 (안락도)

(03) 그러나

근원으로 돌아가는 큰 깨침은

공을 쌓아야 이를 수 있고,

흐름을 따르는 긴 꿈은

갑자기 열 수가 없다.

때문에

성인의 자취에 먼 것도 있고 가까운 것도 있으며,

베푸신 말씀에 쇠한 것도 있고 흥한 것도 있다.

然 歸原大覺積功乃致 隨流長夢不可頓開

所以 聖人垂跡有遠有近 所設言教或衰或興 (안락도)

(04) 그리하여

석가모니 세존이 이 사바에 나투셔서

오악을 경계하여 선을 권하셨고,

미타여래가 저 극락에 계시면서

9무리를 이끌어 극락에 태어나게 인도했다.

이와 같은 방편의 자취는 다 말할 수가 없다.

至如

牟尼世尊現此娑婆 誡五惡而勸善

彌陀如來居彼安養 引九輩而導生

斯等權跡不可具陳矣 (안락도)

【극락국】

(05) 이제 여기서 밝힌 극락국은 대개,

바라는 수행의 오묘함과 깊음에 감응하여,

결과의 덕이 크고 넓을 나타냈다.

18 둥글고 깨끗함(십팔원정)이

삼계를 뛰어넘어 끊어버렸고,

5뿌리(오근) 좋은 모습이

6천을 아울러 이어지지 않게 했다.

今此所明極樂國者

蓋是感願行之奧深 現果德之長遠

十八圓淨越三界而超絶 五根相好倂六天而不嗣 (안락도)

(06) 진기하고 향기로운 법의 맛이 몸과 마음을 봉양하니,

누구에게 아침에 배고프고 저녁에 목마른

괴로움이 있겠는가?

옥 같은 수풀과 꽃다운 바람으로

따뜻함과 서늘함이 항상 알맞으니,

본디부터 겨울은 춥고 여름은 더운 번거로움이 없다.

여러 신선들과 함께 모여

때때로 8덕의 연꽃 못에서 목욕하니,

이로 인해 치우치고 싫은 시절을

오래도록 이별한다.

뛰어난 벗들과 서로 어울려,

시방 부처 땅 저 멀리에 노니니,

이에 멀리 보내져서

어렵고 근심스런 고달픔을 위로한다.

珍香法味遂養身心 誰有朝飢夜渴之苦

玉林芳風溫凉常適 本無冬寒夏熱之煩

群仙共會時浴八德蓮池 由是長別偏可厭之時劫

勝侶相從遠遊十方佛土 於玆遠送以難慰之憂勞 (안락도)

(07) 하물며

　　부처 법문을 듣고 모습 없음(무상)에 들어가며,

　　부처의 밝은 빛을 보고 생김 없음(무생)을 깨침이야.

　　생김 없음(무생)을 깨치기 때문에 생기지 않은 것이 없고,

　　모습 없음(무형)에 들어가기 때문에 모습 아닌 것이 없다.

　　지극히 깨끗하고 지극히 즐겁다.

　　마음 가리새로 헤아릴 곳이 아니다.

　　끝도 없고 한도 없다.

　　어찌 말로써 능히 다 풀이하겠는가?

　　況復聞法響音入無相 見佛光明悟無生

　　悟無生故無所不生 入無形故無所不形

　　極淨極樂 非心意之所度

　　無際無限 豈言說之能盡 (안락도)

　　(여기까지 『유심안락도』와 『무량수경종요』의 글이 같음)

【환권歡勸】

(08) 이런 깨끗한 땅은

　　시방 모든 부처가 기뻐서 권하는(환권) 곳이고

　　세 수레 성인들이 노닐며 사는 곳이다.

　　그러나

　　여래가 기뻐서 권한 뜻을 살펴보면,

　　중간과 아래 사람들을 거두어 보호하려 했다.

따라서 사바세계 잡다하고 악한 것을

인연 따라 다 물리쳐서,

극락 보배세계의 순수하고 선한 땅으로

오직 나아갈 뿐 물러서지 않게 하려는 것이다.

如是淨土 十方諸佛之所歡勸 三乘聖衆之所遊居

然 審察如來歡勸意者 爲欲攝護中下根故

娑婆世界雜惡之處 於緣多退

安養寶刹純善之地 唯進無退 (안락도)

【일반】

(09) 부처 땅은 둥글어 본디 동서가 없으나

낌새를 두드리면 실마리가 많아져서

바야흐로 이것저것 나타난다.

만약 한 수레(일승)에 의하면 극락정토인데

이는 화장세계해(화려한 연꽃세계의 바다)에 속한다.

만약 세 수레(삼승)에 의하면 서방정토가 통틀어 네 땅을 이루
는데,

법 바탕의 땅(법성토) 등이다.

佛土圓融本無東西 扣機多端方現此彼

若依一乘極樂淨土 是屬華藏世界海攝

若依三乘西方淨土 通成四土法性土等 (안락도 정리)

(10) 사바세계 1겁은, 서방 안락세계의 하루 낮밤이다.

　　100만 아승기세계 최후세계의 1겁은,

　　승연화세계의 하루이다.

　　娑婆一劫 於西方安樂世界一日一夜

　　百萬僧祇最後一劫 勝蓮華世界一日 (안락도)

(11) 어떤 사람이 넓은 들판에서 도둑을 만나 달아나다

　　강을 보았다면 건널 생각만 한다. 다른 생각은 하지 않는다.

　　만약 부처 모습을 생각하며, 틈 없이 부처를 생각하면

　　드디어 열 가지 생각에 이르는데, 이를 열 가지 생각이라 한다.

　　有人於曠遇賊勸走 視河念度不雜餘念

　　若念佛相無間念佛 乃至十念是名十念 (구마라집 정리)

(12) 오히려 죄와 복만 믿으면, 선함의 바탕을 닦아

　　그 나라에 태어나기를 바라서 저 궁전에 태어나도

　　500살을 살아도 항상 부처를 보지 못하고,

　　경의 가르침을 듣지 못하니 태아로 태어난다(태생).

　　猶信罪福修習善本 願生其國生彼宮殿

　　壽五百歲常不見佛 不聞經法謂之胎生 (무량수경 정리)

(13) 만약 어떤 중생이 부처 슬기를 밝게 믿어

　　뛰어난 슬기에 이르러 여러 공덕을 지으면

믿는 마음이 되돌려져, 일곱 보배의 화려함 중에

자연히 변해 태어나서(화생) 몸의 모습이 밝게 빛난다.

若有衆生明信佛智 乃至勝智作諸功德

信心迴向七寶華中 自然化生身相光明 (무량수경 정리)

(14) 만약 어떤 중생이 무량공덕을 지으면

관세음보살 대세지보살이 손을 내밀어 받아들인다.

금강대에 올라 저 나라에 가서 태어나

묘한 법을 듣고 무상법인(위없는 진리)을 깨친다.

或有衆生無量功德 觀音勢至授手迎接

乘金剛臺往生彼國 聞妙法說悟無上法 (관무량수경 정리)

(15) 혹 어떤 중생이 선하지 못한 업을 지었다면,

악도惡道에 떨어져 받는 괴로움이 끝이 없다.

그러나 부처 이름만 일컬어도

생각 생각 중에 80억 겁의 나고 죽는 죄를 없앤다.

或有衆生作不善業 應墮惡道受苦無窮

然稱佛名於念念中 除八十億劫生死罪 (관무량수경 정리)

(16) 보기와 수행(관행)이 분명해지면 죽을 때

최후의 마음이 어지럽지 않게 되며 아울러 위에 태어난다.

만약 세간 상품上品의 바른 견해를 갖추면

비록 천 번 생김을 겪어도 악한 세상에 떨어지지 않는다.

觀行分明 臨終最後心不亂者並得上生 (안락도)

若具世間上品正見 雖歷千生不墮惡道 (무량수경종요)

(17) 만약 뜻을 얻지 못하고 말 같은 것으로 뜻을 취하면,

끝이 있다 끝이 없다, 모두 잘못을 지나가지 못한다.

만약 사람들이 이런 네 의심을 해결하지 못하면

비록 저 나라(정토)에 태어나도 변두리 땅에 있게 된다.

若不得意如言取義 有邊無邊皆不離過

若人不決如是四疑 雖生彼國而在邊地 (안락도 정리)

【참회】

(18) 천 년 동안 쌓인 땔감이 그 높이가 백 리이지만

콩 같이 작은 불로 태우면 하루 만에 모두 없어진다.

또 몸이 불편한 사람이 만약 남의 배를 타면

하루 사이에 천 리를 간다. 참회도 이러하다.

千年積薪其高百里 豆計火燒一日都盡

又如躄者若寄他船 一日千里懺悔如是 (안락도)

(19) 뉘우쳐라!

모든 죄업 내가 지어

괴롭고도 괴로운 결과 그림자 되어 따르나니.

슬프구나!

자기 홀로 고달프고 자기 홀로 괴로우나

돌보는 이 없구나.

내 스스로 부처님과 한 몸 되는 큰 자비도,

괴롬 바다 뛰어넘을 신통 꾀도 없는데,

그 누가 묵고 묵은 나의 빗장 열어서는,

나 같은 이 연꽃세계 오르도록 하겠는가?

悔哉 罪業自造苦果影迫 痛哉 獨困獨厄無人救護

自非同體大悲 弘濟祕術 誰能遠開幽鍵 超昇華臺 (안락도)

(20) 그러나 내 비록 남의 공덕 받을 이치 없지마는,

인연으로 일어나는 부사의함 있느니라.

부처님 법 만나면 인연 있음 알게 되지.

이 법을 입지 않고 어떤 논리로 벗겠는가?

무릇

큰 자비는 걸림 없어

아무리 얘기해도 어려움이 전혀 없고.

아니 닦고 안 믿으면

훗날 새삼 뉘우쳐도 돌이킬 길 전혀 없다.

아니 닦고 안 믿는 이,

깊은 은혜 입었으나 갚을 날만 멀어지고,

순응해서 잘 닦는 이,

자기 영혼 연꽃세계 편안하게 맞이한다.

雖無他作自受之理 而有緣起難思之力

則知以遇呪沙卽有緣 若不被沙何論脫期

惟夫

大悲無方 長舌無雜 不行不信 後悔無反

然則

不信行者 徒負厚恩 報日轉遠

有順行者 接魂華蓮 孝順便立 (안락도)

(21) 천만다행 부처 법 만났으니

그 누가 천만 죄업 안 벗겠나?

수백 수천 군자인들

그 누가 안 받들고 그 누가 안 닦겠나?

다 흩어진 무덤에서도

이 세상을 뛰어넘어 극락세계 나가는데

하물며 부처 법을 따르는 사람이야.

모름지기 읊을지어다!

幸逢眞言 令出不難 凡百君子 誰不奉行

散沙墓上 尙超逝界 況乎 呪衣著身 聆音誦字 (안락도)

16. 『이장의』

『이장의二障義』는 『이장장二障章』이라고도 하는데, 두 가지 장애障碍에 대한 글이다.

『이장의』의 원본 경판經板은 전해지지 않는다. 따라서 일본에서 발견된 필사본(횡초혜일 정리)을 원본으로 삼고 있다.

한편 1943년 해인사海印寺에서 발견된 목판木版 삼십일三十一은 『이장의』끝부분으로 판명되었다. 또 신라의 견등見登 스님은 그의 저서 『대승기신론동이약집』에서 『이장의』를 많이 인용하고 있다. 그런데 이들 상호간에 일치하지 않는 글자가 많다.

곧 지금 남아 있는 『이장의』가 온전한 원문이 되지 못할 수도 있다는 뜻이다. 이는 그렇지 않아도 어려운 『이장의』의 해석을 더욱 어렵게 한다. 그렇지만 알려진 글만 가지고 번역하지 않을 수 없다. 이해의 한계를 절감하면서 말이다.

원효元曉의 대승기신론, 소, 별기(6권)와 『이장의』(1권)는 불가분의 관계에 있는데, 별기別記를 쓰고 『이장의二障義』를 썼으며, 뒤에 소疏를 썼다.

원효는 모든 번뇌를 종합적으로도 보고 분석적으로도 보았다. 종합적으로 본 것을 은밀문隱密門이라 하는데, 서로 숨겨서(포함시켜서) 통틀었다는 뜻이고, 분석적으로 본 것은 현료문顯了門이라 하는데, 모든 이론을 다 드러내어 자세히 살폈다는 뜻이다.

따라서 은밀문은 간단하나, 현료문은 복잡하다. 『대승기신론』이 앞의 것에 해당하고, 『유가론』·『보성론』·『성실론』 등은 뒤의 것에 해당한다.

원효는 이 두 문을 구분하기 위해 용어도 달리했다. 은밀문은 애 碍, 곧 걸림, 거리낌이라는 말을 주로 쓰고, 현료문은 장障, 곧 막힘이라는 말을 주로 썼다. 애碍가 소극적이고 장障이 적극적인 감이 있으나 혼용하는 경우도 있어 명확치는 않다. 장애障碍라 할 때는 이 두 뜻을 모두 포함한다.

장애는 크게 번뇌煩惱와 슬기(所智) 두 가지가 있는데, 은밀문은 주로 번뇌애煩惱碍·지애智碍라 하고, 현료문은 주로 번뇌장煩惱障· 소지장所智障(지장知障)이라 한다.

흔히 번뇌라 하면 바람직하지 못하고, 앎(슬기)이라 하면 바람직하다고 생각하나 원효는 이들 모두를 장애로 본다. 곧 앎(슬기)도 뛰어넘어야 할 대상이다. 知(앎)와 智(슬기)도 혼용해 쓴다.

* 2문2장二門二障

현료문顯了門-분석적/번뇌장, 소지장/대승기신론
은밀문隱密門-종합적/번뇌애, 지애/유가론, 보성론

【2장】

(01) 탐냄, 성냄 등의 의혹이 때맞춰 일어나 다녀서 몸과 마음을
    괴롭고 어지럽게 하기 때문에 번뇌 막힘(번뇌장)이라 한다.
    대상에 있는 성질(진소유성)과 진여에 있는 성질(여소유성),
    이 두 슬기가 비춰짐을 막기 때문에 앎에 막힘(소지장)이라
    한다.
    貪瞋等惑適起現行 惱亂身心故煩惱部
    盡所有性如所有性 二智所照遮故知部 (이장의 정리)

(02) 날 때부터 갖춰진(구생) 몸이라는 견해는
    오직 선도 악도 아닌 성질이다.
    자주 나타나 움직이지만,
    나와 남을 극단으로 괴롭히지 않는다.
    분별로 일어나는(분별기) 몸이라는 견해는
    굳게 달라붙는다.
    욕심세계에 있는 것은
    오직 선하지 못한 성질이기 때문이다.
    俱生身見唯無記性 數現行非極惱自他
    分別起身見由堅執 在欲界唯不善性故 (유가론 정리)

(03) 앎에 걸림(智碍)의 두 가지 뛰어난 작용은,
    하나는 무명이 진여를 움직여 나고 죽음에 흘러 구르는 것

이고,

둘은 무명이 능히 진여에 배어들어

일체 모든 가리새 등의 법을 변해 생기게 하는 것이다.

智礙二勝能 一此無明動眞如流轉生死

二此無明能薰眞如 變生一切諸識等法 (이장의 정리)

【무명】

(04) 바탕이 밝지 못한 것은 저 여섯 가지 물듦의 바탕이다.

아주 미세하고 어두워서 느낄 수가 없다.

안으로는 자기 성질을 어둡게 하여 한결같이 평등하며,

밖으로는 차별되는 모습을 능히 취하지 않는다.

根本無明六染根本 最極微細冥闇不覺

內迷自性一如平等 未能向外取差別相 (이장의)

(05) 무명은 능히 취함(능취)과 취해짐(소취)의 차별이 없다.

나아가 그 진짜 밝은 것(진명)과 그 모습이 아주 가깝다.

비록 달리 익는 가리새(이숙식)와 서로 응하지는 않지만,

바탕을 지어 어우러져 떨어지지 않는다.

無明無能取所取異 乃與眞明其相太近

雖非與異熟識相應 而爲作本和合不離 (이장의)

(06) 삶과 죽음 가운데는, 밝지 못한 것(무명)보다

더 미세한 것이 한 법도 없어, 그 바탕을 짓는다.

오직 이것이 으뜸이 되어 문득 처음 일어난다.

따라서 처음이 없는 밝지 못한 것(무시무명)이라 한다.

於生死中無有一法 細於無明而作其本

唯此爲元忽然始起 是故說名無始无明 (이장의)

(07) 무시무명의 움직이는 모습은 깊고 은밀해서

오직 부처만이 끝까지 알고, 부처만이 처음과 끝을 안다.

오직 부처의 깨친 지혜로만 끊긴다.

금강의 지혜는 끝은 알지만 그 처음은 알지 못한다.

無始無明行相深密 唯佛所窮佛知始終 (이장의)

唯佛菩提智所斷也 金剛智知終迷其始 (승만경) (본업경)

(08) 날 때부터 얻은 것(생득)이란 말은

하나의 진리임(일여)을 깨닫지 못하고 갑자기 생기는 것이다.

그 앞에는 시작됨이 없다.

지어서 얻은 것은 날 때부터 얻은 것에 의해 삼계의 마음을

일으켜서 저 대상이 진리임을 다 알지 못하는 것이다.

言生得者不覺一如忽然而生 其前無始

作得者依生得起三有心 不了彼境卽如 (이장의)

(09) 이 지어서 얻은 것이 머무는 자리는 삼계의 좋아함을 일으

킨다.

욕애, 색애, 유애를 나누어 짓는다.

합쳐서 처음 일어나는 네 가지 머무는 자리라 하는데,

삼계 일체 번뇌를 아우른다.

作得住地起三有愛 慾愛色愛有愛分作

合說始起四種住地 包含三界一切煩惱 (이장의)

【업】

(10) 목숨을 마칠 때 최후로 생각하는 마음은

반드시 달리 익는 법(이숙법)이다.

만약 중유(죽음과 생김 사이)로 말하면

최후로 생각하는 마음은 반드시 물든 것(염오)이다.

이 이전에는 정해진 자리가 없다.

臨命終時最後念心 必異熟法若論中有 (유가론)

最後念心必是染汚 從此已前卽無定位 (이장의)

(11) 목숨이 끝날 때 생겨날 곳이 분명히 정해지면

위 땅의 공덕을 먼저 물리치고, 아래로 맺는다.

아래 땅을 해탈했으나 몸이 있다는 견해를 벗어나지 못하면

아래 위가 잡다하게 어우러져서 분별하지 못해 아래로 맺
는다.

臨命終時生處必定 先退上地功德下結

下地解脫未脫身見 下上和雜不別下結 (이장의)

(12) 저 달리 익는 가리새 중에서 물듦이 배어들어
　　　피어나서는 자기 유형의 성질을 이룬다.
　　　따라서 나타나 다님을 능히 생기게 하므로 씨(종자)라고 한다.
　　　곧 부드럽지 못한 것 또한 거칠고 무거움(추중)이라 한다.
　　　又彼識中染所薰發 成自類性以是故言
　　　能生現行說名種子 卽不調柔亦名麤重 (이장의)

(13) 말나(의)는 이른바 아뢰야식에서 씨가 생겼으나
　　　다시 저 아뢰야식에 인연한다(영향을 준다).
　　　곧 이 말나는 의식을 마음대로 지녀서 분별해 구르게 하니,
　　　의식이 의지하는 곳이다.
　　　意者謂從阿賴耶識 種子所生還緣彼識 (현양론)
　　　卽此末那任持意識 令分別轉意識所依 (유가론)

(14) 이 말나는 항상 네 가지 의혹과 서로 응해,
　　　모든 때에서 헤아림(사량)을 성질로 한다.
　　　세간을 벗어난 말나는 세울 수 없으니
　　　모든 때(時)에서 나를 헤아리기 때문이다.
　　　此意恒與四惑相應 於一切時思量爲性
　　　出世末那不可建立 以一切時思量我故 (이장의)

(15) 통틀어 말하면 일체 번뇌가 모두

　　이끄는 업을 피우고 또한 생기는 업을 피운다.

　　그 가장 뛰어난 것으로 말하면,

　　밝지 못한 것(무명)은 이끄는 업을 피우고,

　　좋아 달라붙는 것(애취)은 생기는 업을 피운다.

　　通而論之一切煩惱 皆發引業亦發生業

　　論其最勝 無明能發引業愛取能發生業 (이장의)

(16) 삼계에 생김이 맺음은

　　바로 도를 닦아(수도) 끊기는 번뇌이고,

　　총체적으로 받는 업을 피움은

　　바로 도를 보아(견도) 끊기는 번뇌이나,

　　서로 따르게 말하면 통틀어 피어나고 통틀어 맺어진다.

　　結三界生正是脩道所斷煩惱 發惣報業

　　正是見道所斷煩惱 相從而說通發通結 (이장의)

【수행】

(17) 보살은 도를 보아(견도)

　　(인, 법) 이공二空을 증명하기 때문에,

　　말나의 2집착이 모두 나타나 다니지 않는다.

　　곧 이공의 고른 슬기(평등지)와 함께한다.

　　이승은 도를 보아(견도) 단지 사람이 빈 것(인공)만 증명하

220

므로,

말나의 법에 집착함(법집)이 오히려 나타나 다닌다.

오직 사람이 빈(인공) 고른 슬기(평등지)와만 함께한다.

오직 하나의 슬기로운 헤아림(혜수)만이 지혜도 되고

집착도 되나 방해하지 않는다.

바라보는 곳(기준)이 다르기 때문이다.

고른 성질의 슬기(평등성지) 또한 이러함을 마땅히 알아야

한다.

菩薩見道證二空故 末那二執悉不現行 卽與二空平等智俱

二乘見道但證人空 末那法執猶得現行 唯與人空平等智俱

唯一慧數亦智亦執 而不相妨所望別故 平等性智當知亦爾 (이

장의)

(18) 일체 삼세는 모두 끊는 것이 아니다.

다만 이 다스리는 도道로 자기 성질을 해탈해서

삼세를 두루 다녀도 항상 얽매임과 묶임(계박)을 떠나기 때문에

삼세를 통틀어 끊는다고 하는 것이다.

一切三世並非所斷 但是治道自性解脫

遍歷三世恒離繫縛 是故得說通斷三世 (이장의)

(19) 만약 물들고 깨끗함이 같은 뜻이 아니라는 문으로 나아가면,

막힘(장)이 능히 도道를 찾고, 도도 능히 막힘(장)을 없앤다.

곧 막힘이 도와 다르다.

만약 물들고 깨끗함이 장애가 없는 문으로 나아가면,

막힘(장)이 도道를 장애하지 못하고 도道도 막힘을 벗어나지

못한다.

막힘이 도와 다름이 없다.

若就染淨非一義門 障能尋道道能除障 障卽異道 (이장의)

若就染淨無障碍門 障非碍道道不出障 障無異道 (이장의)

(20) 여래는 이미 몸이 이와 같은 도리이기 때문에

일체 모든 법이 곧 자기 자체가 된다.

어떤 끊기는 것이 있고 어떤 끊는 것이 있겠는가?

나고 죽음과 도道가 합치면, 도가 곧 나고 죽음이다.

如來旣體如是道理 一切諸法卽爲自體 (이장의)

有何所斷有何能斷 生死道合道卽生死 (본업경)

(21) 다섯 길을 흘러 도는 것을 중생이라 하고,

거꾸로 흘러 근원으로 돌아가는 것을 부처(불)라 한다.

일체 중생이 삼계 번뇌와 업의 과보를

다 끊어 없앤 것을 부처라 한다.

流轉五道名爲衆生 返流盡源說名爲佛 (부증불감경)

一切衆生斷三界煩惱業果報盡 名爲佛 (인왕경)

(22) 나도 없고, 만드는 것도 없고, 받는 것도 없다.

　　인연 때문에 모든 법이 생긴다.

　　나도 없고 중생도 없고 지혜로운 자도 없고 보는 자도 없

　　는데,

　　하물며 색수상행식(오온)이 마땅히 있겠는가?

　　無我無造無受者以因緣故諸法生　無我 (유마경)

　　無衆生乃智者見者　何況有色受想行識 (대반야바라밀다경)

(23) 거리낌 없는 도(무애도) 중의 수행을 보살이라 하고,

　　벗어난 도(해탈도) 중에서 모든 장애 떠남을 여래라 한다.

　　수행이 10지十地를 지나가면, 이해함이 부처와 같다.

　　이를 고르게 깨침(등각) 또는 때가 없는 자리(무구지)라 한다.

　　無碍道中行名菩薩　解脫道中離障如來 (마하반야바라밀경)

　　行過十地解與佛同　是名等覺及無垢地 (본업경)

(24) 사람과 법의 있고 없음이 가지런히 같다(인법유무제등).

　　이것이 (이장의) 끝 되는 뜻이다.

　　있고 없음(유무)을 말하는 것은 편리한 대로 말한 것이다.

　　두 가지 막힘의 도리는 오직 부처만이 끝까지 안다.

　　단지 우러러 믿어서 모름지기 짐작해볼 뿐이다.

　　人法有無齊等是究竟義　說有無隨宜說 (이장의)

　　二障道理唯佛所窮　但依仰信聊須斟酌 (이장의)

17. 『중변분별론소』

『중변분별론中邊分別論』은 중도中道와 치우침(중변)을 분별한 글이다. 인도의 천친보살天親菩薩이 짓고, 중국의 진제삼장眞諦三藏이 한역했다.

천친天親은 세친世親이라고도 하는데, 소승경전 500부, 대승경전 500부를 지어 천부논사千部論師라 한다. 『구사론俱舍論』도 그의 저술이다.

진제眞諦는 인도 사람으로 중국 양梁나라로 건너가 『섭대승론』과 『대승기신론』을 번역하여 섭론종攝論宗의 개조가 되었다.

『중변분별론』은 상하 2권 전체 7품으로 되어 있다. 상권은 상품相品·장품障品·진실품眞實品 3품이고, 하권은 대치수주품對治修住品·수주품修住品·득과품得果品·무상승품無上乘品 4품이다.

원효는 이 『중변분별론』을 네 권으로 풀이한 것 같은데, 이 중 남아 있는 것은 제3권의 일부뿐이다. 이 제3권이 대치수주품·수주품·득과품을 풀이하고 있어, 제4권은 무상승품을 풀이한 것으로 추측된다.

대치對治는 대응해 다스린다는 뜻이고, 수주修住는 닦음이 머문다는 뜻이며, 득과得果는 수행으로 얻은 결과란 뜻이다.

* 〈천친,『중변분별론』, 2권 7품〉　　〈원효,『중변분별론소』, 4권(?)〉

상권 3품-상품, 장품, 진실품 ······················· 제1권(?), 제2권(?)
하권 4품-대치수주품, 수주품, 득과품 ······· 제3권(현존)
　　　무상승품 ································· 제4권(?)

【37도품】

(01) 이미 생겨난 악과 선하지 못한 법은 끊게 하고

생겨나지 않는 악과 선하지 못한 법은 생겨나지 않게 하며

생겨나지 않는 선한 법은 생겨나게 하고

이미 생겨난 선한 법은 머물게 하는 것이 4정단이다.

已生惡不善法令斷 未生惡不善法爲不生

未生善法令生 已生善法令住是四正斷者 (중변소)

(02) 생기게 하거나 생기지 않게 하기 위해

의욕을 일으켜 채찍질해 힘써서,

지니는 마음으로 바르게 끊는다.

바르게 끊는다는 말은 또한 바르게 노력한다(정근)는 말이다.

노력은 몸체(체)를 이름하고, 끊음은 작용(업)을 일컫는다.

爲生故而爲不生故 生欲策勵持心正斷 (중변소)

言正斷者亦名正勤 勤是體名斷是業稱 (중변소)

(03) 깨침이 의지하는 부분을 생각으로 깨침(염각)이라 하고,

　　　자기 성질 부분을 법을 선택하여 깨침(택법각)이라 하며,

　　　벗어 떨치는 부분을 바른 노력으로 깨침(정근각)이라 하고,

　　　공덕 부분을 기쁨으로 깨침(희각)이라 하며,

　　　물듦 없고 장애 없는 부분 삼법을

　　　편안함, 선정, 버림(의정사)이라 한다.

　　　이들이 칠각지(일곱 가지 깨침의 갈래)이다.

　　　覺依止分是名念覺 自性分是名擇法覺

　　　出離分者名正勤覺 功德分者是名喜覺

　　　無染無障分三法謂猗定捨 是名七覺支 (중변소)

(04) 먼저 칠각지 이름(각명)의 풀이에서,

　　　분별이 없는, 있는 그대로의 슬기(여여지)를 깨침이라 한다.

　　　두 수레(2승)는 네 가지 뒤바뀌는 분별이 없는 것이 (여여지)
　　　이고,

　　　보살은 일체 분별이 없는 것이 (여여지)이다.

　　　先釋七覺支名 無分別如如智是名覺者

　　　二乘無四倒分別也 菩薩無一切分別也 (중변소)

(05) 모든 성인은 여덟 가지에 의해

　　바른 도를 닦아, 해탈하고 증명한다.

　　이른바 바른 보기, 바른 사유, 바른 말, 바른 업,

　　바른 목숨, 바른 노력, 바른 생각, 바른 선정이다.

　　諸聖由八支行正道解脫作證 所謂正見

　　正思惟正語正業正命 正精進正念正定 (중변소)

【공】

(06) 일체 법이 한결같이 빈 것도 아니고,

　　한결같이 비지 않은 것도 아니다. 이를 중도라 한다.

　　일체 세간은 단지 오직 어지러운 가리새이다.

　　일체 삼계三界에는 단지 오직 가리새만 있다.

　　一切法非一向空非 一向不空是名中道 (중변론)

　　一切世間但唯亂識 一切三界但唯有識 (중변론)

(07) 바깥 대상의 몸체 모습은 결코 있는 것이 없다.

　　인연 되는 경계에 있는 몸체가 없기 때문이다.

　　능히 인연하는 유식唯識 또한 생기지 않는다.

　　취하는 것과 취해지는 곳의 있는 모습이 없음에 들어간다.

　　外塵體相決無所有 由所緣境無有體故

　　能緣唯識亦不得生 入能取所取無有相 (중변론)

(08) 있는 것도 아니고 없는 것도 아니며,

다른 것도 아니고 같은 것도 아니다.

물들기도 하고 청정하기도 한 것, 이것은 공空의 분별이다.

어느 자리가 공空이 깨끗지 못한 것이고,

어느 자리가 공空이 깨끗한 것인가?

때(垢)가 있기도 하고 또한 때가 없기도 하다.

非有非無不異不一 染亦淸淨是空分別 (중변론)

何處位空不淨何處位空淨 有垢亦無垢 (중변론)

(09) 능히 취하는 것과 취해지는 것(능취, 소취) 둘이 없으나,

둘이 없다는 것은 있다. 이것이 공의 모습(空相)이다.

따라서 있는 것도 아니고 없는 것도 아니다.

만약 깨끗지 않음(不淨)만 말하면 중생은 해탈이 없고,

만약 때 없음(無垢)만 말하면

공들이는 작용이 펼쳐질 곳이 없다.

能所無二而有二無 是空相故非有非無 (중변론)

若言不淨衆生無脫 若言無垢功用無施 (중변론)

(10) 말씀과 원인과 모습 있음이 함이 있는 법(유위법)이고,

그윽이 고요한 뜻과 경계가 함이 없는 법(무위법)이다.

있다는 것은 사람과 법이 항상하다는 치우침을 말하고,

없다는 것은 사람과 법이 끊어진다는 치우침을 말한다.

有言因相是有爲法 寂靜義境是無爲法 (중변론)

有者名常邊人及法 無者名斷邊人及法 (중변론)

(11) 부처는 밝지 못한 것(무명)과 밝은 것(명)

둘이 없다고 한다.

이 둘이 취해진 것과 능히 취한 것은 몸체가 없기 때문이다.

이 중도中道는 두 가지 공(이공)도 공을 지음(작공)도 아니다.

모든 법이 공이고 모든 법 자체도 공이다.

佛說無明及明二無 此二所取能取體無 (중변론)

此中道非二空作空 諸法空諸法自體空 (중변론)

(12) 그른 자리의 모습에 그른 자리의 모습이 없다.

그른 자리 역시 진실한 자리를 순응해 따른다.

원인(인)과 결과(과)와 일(사)의 업은

늘지도 않고 줄지도 않는다.

일체 모든 법이 자연적 성질이기 때문이다.

邪位相無有邪位相 邪位亦隨順眞實位 (중변론)

因果事業不增不減 一切諸法自然性故 (중변론)

【수행】

(13) 닦아 대응해 다스림에는 세 가지가 있다. 무엇인가?

뒤바뀌지 않음을 따르나 뒤바뀜이 있는 것은 범부다.

뒤바뀜을 따르나 뒤바뀌지 않는 것은

배움이 있는 자리(유학위)다.

뒤바뀜도 없고 뒤바뀜을 따름도 없는 것은 나한과 부처이다.

修習對治有三何者 隨不倒有倒凡夫位 (중변론)

隨顚倒不倒有學位 無倒無隨倒漢及佛 (중변소)

(14) 만약 보살이 이런 법 등을 닦는다면,

떨쳐 없애기 위한 것이 아니기 때문에 모든 법을 닦고,

떨쳐 없애기 위한 것이 아닌 것도 아니기 때문에

모든 법을 닦는다.

단지 머무는 자리가 없는 열반에 이르기 위해서다.

若菩薩修習此等法 不爲滅離故修諸法

非不滅離故修諸法 但爲至無住處涅槃 (중변론)

18. 『판비량론』

『판비량론判比量論』(1권)은 원효가 55세 때인 서기 671년(문무왕 11년) 행명사行名寺에서 쓴 글이다. 행명사가 어디인지는 알 수 없으나, 원효의 많은 저술 중 저술 연대와 장소가 밝혀진 유일한 책이다.

1권 25장으로 되어 있는데, 완본은 전해지지 않고, 제3장의 105줄과 제19장의 105줄 정도가 전해진다. 이는 전체 분량의 8분의 1 수준으로 초서로 되어 있는데, 최범술·김지견 등이 정서했다. 한편 일본에서 『판비량론』의 단편이 발견되기도 했다.

원래 인명론因明論은 인도의 진나보살陳那菩薩이 집대성했는데, 수행과 깨침을 검증하는 중요한 수단이다.

역자는 인명론을 이해하지 못한다. 따라서 여기 번역은 김성철 교수 등의 글을 참조하여 구색을 맞춘다는 의미에서 겨우 번역했다. 여기는 회향게廻向偈만 싣는다.

【회향게】

(01) 깨침을 이루는 도리는 생각하기 매우 어렵다.

　　　스스로 웃으며 물리치지 않으면 조금은 쉽게 이해하리라.

　　　이제 성인 경전에 의해서 한 귀퉁이를 드니,

　　　부처 도에 통해서 삼세에 흐르기를 바란다.

　　　證成道理甚難思　自非笑却微易解

　　　今依聖典擧一隅　願通佛道流三世 (판비량론)

19. 『해심밀경소서』

『해심밀경解深密經』은 유가학파瑜伽學派의 근본경전으로, 8품으로 되어 있다. 깊고(심) 은밀한 것(밀)을 풀이한(해) 경이란 뜻이다. 곧 유식唯識의 깊은 뜻을 밝혔는데, 유식이란 일체 모든 것이 마음(心), 곧 가리새(識)뿐이라는 주장이다.

지은이는 알려지지 않고, 당나라 현장玄奘이 5권으로 한역漢譯했다. 이를 원효대사가 풀이해서 『해심밀경소解深密經疏』라 했는데, 현재 남아 있지 않다.

다만 앞글(序文)만 『동문선東文選』 제83권에 실려 있다. 『동문선』은 조선 성종 때 서거정徐居正이 신라 때부터 조선 성종 때까지의 우리나라 글을 모은 책으로, 154권 45책으로 되어 있다. 이 중 제83권에 원효대사 글의 서문序文 여섯 개가 실려 있는데, 그중의 하나다. 여섯 개는 곧 법화경종요서, 열반경종요서, 해심밀경소서, 진역화엄경소서, 금강삼매경론서, 본업경소서이다.

한편 『동문선』 제50권에는 이규보와 김부식의 원효대사 찬贊이 실려 있다.

【대의】

(01) 무릇 부처의 도가 도가 됨은,

  맑아서 깊고 그윽하다. 그윽해서 틈이 없다.

  커서 넓고 멀다. 멀어서 가없다.

  이에

  함이 있고 함이 없음이, 허깨비가 변한 것같이 둘이 없고,

  생김 없고 모습 없음이, 안팎을 아울러 모두 없앤다.

  모두 없앤 이는 두 가지 얽매임을 벗어나 이해를 나타내며,

  둘이 없는 이는 한 맛과 같아져 신이하게 된다.

  原夫 佛道之爲道也

  湛爾冲玄 玄於無間 泰然廣遠 遠於無邊

  爾乃

  有爲無爲 如幻化而無二 無生無相 括內外而偕泯

  偕泯之者 脫二縛而懸解 無二之者 同一味而澹神

(02) 따라서 능히

  삼세에 노닐며 평등하게 보고, 시방에 흐르며 몸을 나타내며,

  법계에 두루해 만물을 구제하고,

  미래가 다해도 더욱 새로워진다.

  이에 여래는

  다음 일생의 큰 선비(미륵보살)를 상대로

  저 깊고 깊은 숨은 뜻을 풀이해서

18둥근 땅에 계시면서

이 온전한 뜻의 법의 바퀴를 굴리셨다.

故能

遊三世而平觀 流十方而現身

周法界而濟物 窮未來而彌新

於是如來

對一生之大士 解彼甚深密義

居二九之圓土 轉此了義法輪

(03) 그 가르침은 지극히 정치하고 순수하다.

번거롭고 화려함을 버리고 진실만을 썼으며

요점과 묘함만을 살펴서 끝까지 풀이했다.

있고 없는(유무) 법의 모습을 열어서

뛰어난 뜻이 치우침 떠남을 보였고,

그침과 보기(지관)의 본질과 끝을 밝혀서

세우고 깬 것이 참과 비슷함을 밝혔다.

其爲敎也 極精粹焉

棄繁華而錄實 撮要妙而究陳

開有無之法相 示勝義之離邊

明止觀之本末 簡立破之似眞

(04) 가르침은 삼장三藏의 성스런 가르침을 다했고

이치는 4도리를 다했으며

닦음은 육바라밀을 분별했고

자리는 10지十地를 넓게 이야기했다.

10지 수행이 이루어질 때는

둥글고 가득함이 굴러 의지됨을 증명했으나,

굴러 의지되는 법신은 불가사의해서

모든 우스운 논리를 끊고 끝까지 함이 없다.

教窮三藏聖教 理盡四種道理

行卽分別六度 位卽宣說十地

十地行成之時 證得圓滿轉依

轉依法身不可思議 絶諸戱論極無所爲

(05) 함이 없기 때문에 짓지 않음이 없고,

논리가 없기 때문에 끝까지 말하지 않음이 없다.

짓지 않음이 없기 때문에

모습의 변화에 들어가서 널리 8상八相을 문득 일으키며,

말하지 않음이 없기 때문에,

세 수레의 가르침이 삼천세계에 흘러 더욱 시끄럽다.

無所爲故無所不作 無所論極無所不言

無不作故入相之化 遍八荒而頓起

無不言故三輪之教 流三千而彌諠

(06) 더욱 시끄러운 말씀은 일찍이 말씀이 있지 않았고

문득 일어나는 모습은 본디 그러하지 않았다.

이를 여래가 깊이깊이 몰래 감춘 것이라 한다.

이제 이 경은 몰래 감춘 것을 열어서 밝혔다.

이에 제목을 세워 해심밀경이라 했다.

彌誼之說未嘗有言 頓起之相本來不然

是謂如來甚深密藏 今此經者開發密藏

所以立題目 名解深密經

20. 『화엄경소』

『화엄경華嚴經』의 갖춘 이름은 『대방광불화엄경大方廣佛華嚴經』이다. 여러 설이 있으나 원효는 대방광大方廣은 법계가 한없이 크고 바르고 넓다는 뜻이고, 불화엄佛華嚴은 부처님의 닦은 덕이 가없이 화려하고 장엄하다는 뜻으로 풀이한다.

『화엄경』 번역은 세 가지가 있는데 60화엄경, 80화엄경, 40화엄경이 그것이다. 이는 책의 권수卷數에 따른 구분이다.

60화엄경은 진나라의 불타발타라佛馱跋陀羅가 번역(34품, 400년)하여 진역晉譯, 구역舊譯이라 하고, 80화엄경은 당나라의 실차난타實叉難陀가 번역(39품, 690년)하여 당역唐譯, 신역新譯이라 하며, 40화엄경은 『화엄경』의 마지막 부분인 입법계품入法界品만을 반야삼장般若三藏이 별도로 번역(796년)한 것이다.

진역은 34품이고, 당역은 39품인데, 품品은 단원單元·단락段落 정도로 생각된다.

원효대사가 풀이한 것은 진역이다.

『삼국사기三國史記』 원효불기元曉不羈에 의하면 원효는 제4, 10

회향품十廻向品에 이르러 붓을 끊었다고 되어 있다. 이는 60화엄경 제21, 금강당보살 10회향품에 해당되는데, 이 품은 다시 아홉 단락으로 세분된다. 이 중 네 번째 단락을 뜻하는 것으로 추측된다.

원효의 미완성『화엄경소』는 모두 10권이나, 이 중 지금 남아 있는 것은 서문(앞글)과 제3권의 일부분(?)뿐이다. 그것도 서문序文은 조선 성종 때 서거정徐居正이 편찬한『동문선』제83권에 실려 있다.

그리고 제3권은『대정신수대장경』제85권에 실려 있는데, 60화엄경의 제5, 여래광명각품如來光明覺品을 풀이한 것이다.

【대의】

(01) 무릇

막힘도 없고 걸림도 없는 법계 법문은,

법이 없으나 법 아닌 것이 없고,

문이 없으나 문 아닌 것이 없다.

이에

크지도 않고 작지도 않으며,

좁지도 않고 넓지도 않으며,

움직임도 아니고 조용함도 아니며,

하나도 아니고 여럿도 아니다.

原夫 無障無碍法界法門

無法而無不法也 無門而無不門也

爾乃 非大非小非促非奢 不動不靜不一不多 (화엄경소)

(02) 크지 않기 때문에 아주 작게 해도 보낼 것이 없고,

작지 않기 때문에 아주 크게 해도 남는 것이 있다.

좁지 않기 때문에 능히 삼세 오랜 시간을 포함하고,

넓지 않기 때문에 능히 몸을 들어 한 찰나에 들어간다.

움직임도 아니고 조용함도 아니기 때문에

삶 죽음이 열반이 되고, 열반이 삶 죽음이 되며,

하나도 아니고 여럿도 아니기 때문에

하나의 법이 모든 법이 되고, 모든 법이 하나의 법이 된다.

由非大故作極微而無遺 由非小故爲大虛而有餘

非促之故能含三世劫波 非奢之故能擧體入一刹

不動不靜故 生死爲涅槃 涅槃爲生死

不一不多故 一法是一切法 一切法是一法 (화엄경소)

(03) 이와 같이 막힘도 없고 걸림도 없는 법이

곧 법계法界 법문法門을 만드는 술법이니,

모든 큰 보살들이 들어가는 곳이고,

삼세 모든 부처가 나오는 곳이며,

이승 네 부류가 벙어리 봉사가 되는 곳이고,

범부나 낮은 선비들이 깜짝 놀라는 곳이 된다.

如是無障無礙之法 乃作法界法門之術

諸大菩薩之所入也 三世諸佛之所出也

二乘四果之所聾盲 凡夫下士之所笑驚 (화엄경소)

(04) 만약 사람들이 이 법문에 들어가면

한 생각도 지나지 않아서 능히 가없는 삼세를 두루 나타내며,

시방세계를 하나의 작은 먼지 안으로 모두 들어가게 한다.

이런 등등의 도술을 어찌 생각이나 해볼 수 있겠는가?

若人得入是法門者 卽能不過一念 普現無邊三世

復以十方世界 咸入一微塵內 斯等道術豈可思議 (화엄경소)

(05) 그러나 이 문에 의하면 이런 도술을 부려볼 수 있다.

마치 하루에 세 번 문 밖을 나가는 것과 같고,

열 사람이 방 안에 함께 앉아 있는 것과 같고,

평평한 땅을 가는 것과 같다. 무슨 기특함이 있는가?

하물며 수미산이 겨자씨 안에 들어가고,

돌피가 큰 창고에 들어가는 것과 같은데.

큰 방 안에 여러 사람이 앉아 있고,

우주 안에 만물이 있는 것과 같은데.

然依彼門 用看此事

猶是 一日三出門外 十人共坐堂內

侹然之域有何奇特 況乎

須彌入於芥子者 稊米入於大倉也

方丈內乎衆座者 宇宙內於萬物也 (화엄경소)

(06) 안에 들어가면 매우 넓고 넓은 문이다.

　　무엇이 족히 어려운가?

　　만약 봉황이 푸른 구름 위로 날아오르면,

　　아래로 산들의 낮음을 내려다볼 수 있고,

　　하백(黃河의 水神)이 큰 바다에 이르면,

　　아래로 개울과 강들의 좁음을 돌아볼 수 있는 것과 같다.

　　배우는 이가 이 경의 넓은 문에 들어가면,

　　바야흐로 배운 것의 부족함을 알게 된다.

　　內入甚寬〔普門哉 而〕何足爲難乎哉

　　若乃

　　鳳皇翔于靑雲 下觀山岳之卑

　　河伯屆乎大海 顧羞川河之狹

　　學者入乎此經普門 方知會學之齷齪也 (화엄경소)

　　*〔普門哉 而〕는 역자가 추가한 글임.

(07) 그러나 날개 짧은 어린 새는

　　나무숲의 도움으로 모습을 길러야 하고,

　　지느러미 작은 물고기는

　　얕은 물에 헤엄치며 성질을 편안히 해야 한다.

　　때문에 가르침의 문이 쉽고도 가까이 있으나,

역시 알아보지 못하는 것이다.

然

短翮之鳥 庇山林而養形

微鮮之魚 潛涓流而安性

所以淺近敎門 亦不可已之耳 (화엄경소)

(08) 이제 이 화엄경은

둥글고 가득한 한 수레의 위없는 문득 깨침의 법을 굴려서,

법의 세계, 법의 문을 넓게 열어서는

가없는 닦음의 덕을 나타내 보였다.

닦음의 덕은 두려움 없이 그 단계를 나타내 보였고,

단계를 나타내 보였기 때문에 가히 닦을 수 있다.

법의 문은 끝이 없어 그 표적을 열었으며,

표적을 열었기 때문에 달려 나아갈 수 있다.

今是經者

斯乃圓滿一乘 無上頓敎法輪

廣開法界法門 顯示無邊行德

行德無畏而示之階 階故可以造修矣

法門無涯而開之的 的故可以進趣矣 (화엄경소)

(09) 저 문에 달려 들어간 이는,

들어감이 없기 때문에 들어가지 못함도 없고,

이 덕을 닦은 이는,

얻음이 없기 때문에 얻지 못함도 없다.

이에

삼현三賢 십성十聖은 닦음이 둥글지 않은 것이 없고,

삼신三身 시불十佛도 덕이 갖춰지지 않은 것이 없다.

이 글은 빛나고 빛나며, 그 뜻은 넓고 넓다.

어찌 말로 일컬을 수 있겠는가?

趣入彼門者 卽無所入故無所不入也

修行此德者 卽無所得故無所不得也

於是

三賢十聖 無行而不圓 三身十佛 無德而不備

其文郁郁 其義蕩蕩 豈可得而稱焉 (화엄경소)

(10) 대방광불화엄이란 말은,

법의 세계가 한없어,

크고 바르고 넓다는 것(대, 방, 광)이며,

닦은 덕이 가없어,

부처가 화려하고 장엄하다는 것(불, 화, 엄)이다.

크고 바름(대, 방)이 아니면

부처의 화려함(불, 화)을 넓게(광) 할 수가 없고,

부처의 화려함(불, 화)이 아니면

크고 바름(대, 방)을 장엄하게(엄) 할 수가 없다.

이에 바르고 화려한(방, 화) 일을 함께 들어서,

그 넓고 장엄한(광, 엄) 뜻을 나타냈다.

경이란 말은,

둥글고 가득한 법의 바퀴가 시방에 두루해 남는 것이 없고,

세계에 두루 구르는 도가 삼세에도 끝이 없어,

중생의 지극한 진리가 되어 항상하기 때문에 경이라 했다.

이 큰 뜻을 들어서 제목으로 삼았기 때문에

대방광불화엄경이라 했다.

所言大方廣佛華嚴者

法界無限大方廣也 行德無邊佛華嚴也

非大方無以廣佛華 非佛華無以嚴大方

所以 雙擧方華之事 表其廣嚴之宗

所言經者

圓滿法輪周十方無餘 世界遍轉道三世無際

有情極窮常故名曰經 擧是大意以標題目故

言大方廣佛華嚴經也 (화엄경소)

【내용】

(11) 삼계는 오직 한마음이다. (80권, 보살설계품)

삼계는 오직 마음이 지었다.

일체 나고 죽는 법이 진실한 모습임을 다 안다. (화엄경)

문수보살아, 법이 항상 그러하다.

법왕은 오직 한 법이다.

일체에 거리낌 없는 사람은 한 길로

생사를 벗어난다. (80권 問明品, 60권 明難品 현수보살게)

三界唯一心 三界唯心作 一切生滅法 悉知眞實相

文殊法常爾 法王唯一法 一切无导人 一道出生死

(12) 여래는 빛을 놓아 시방을 넓게 비춰,

모든 대중이 어두운 장애를 없애버리고

모든 의혹을 없애며 뭇 재난을 뽑게 하시려고,

여래 몸이 법계에 두루함을 깨치게 하셨다

如來放光普照十方 令諸大衆除滅闇障

滅諸疑惑拔衆災難 覺如來身周遍法界 (화엄소 정리)

(13) 일체 법이 하나의 법에 들어가기 때문에

하나 중에서 한량없음을 이해하고,

하나의 법이 일체 법에 들어가기 때문에

한량없음 중에서 하나를 이해한다.

따라서 서로 들어가니,

마치 거울에 그림자가 생기는 것과 같다.

一切法入一法故一中解無量 一法入一

切法故無量中解一 故互相入如鏡影生 (화엄소 정리)

(14) 만약 여래를 알려면, 있는 것이 없음을 살펴야 한다.

　　법이 흩어져 없는 모습을 아는 것,

　　저 사람이 빨리 부처를 이룬다.

　　나도 없고 중생도 없으며, 또한 부서져 무너짐도 없다.

　　만약 이런 모습을 굴리면, 저가 곧 위없는 사람(무상인)이다.

　　若有知如來 觀察無所有 知法散滅相 彼人疾作佛 (화엄경)

　　無我無衆生 亦無有敗壞 若轉如是相 彼則無上人 (화엄경)

(15) 끝난다 항상하다는 두 가지 치우침을 떨치고,

　　법은 진실해 구르지 않음을 보아서,

　　옛날에도 일찍이 구르지 않은 것,

　　이런 위없는 바퀴를 굴려야 한다.

　　한량없는 대상을 깨지 않고, 능히 수없는 세계에 노니나,

　　일체 있음을 취하지 않으니, 저 자재함이 부처와 같다.

　　離斷常二邊 見法實不轉 昔所未曾轉 轉此無上輪

　　不壞無量境 能遊無數剎 不取一切有 彼自在如佛 (화엄경)

(16) 이끄는 스승이 뭇 마귀를 굴복시켜

　　용감히 버티니 이보다 뛰어난 것이 없고,

　　사랑스런 말로 뭇 두려움을 떨치니 위없는 자비의 법이다.

　　하나하나의 중생 때문에 울부짖는 지옥 중에 계시면서

　　한량없는 겁 동안 몸을 태우지만,

마음의 깨끗함이 가장 뛰어남 그대로다.

導師降衆魔 勇健莫能勝 愛語離衆怖 無上慈悲法 (화엄경)

一一衆生故 阿鼻地獄中 無量劫燒煮 心淨如最勝 (화엄경)

(17) 혹은 밝고 깨끗한 눈으로 시방을 비춰 살펴보았으며,

혹은 우스운 몸짓을 보였으니, 중생을 즐겁게 하기 위함이다.

혹은 사자의 울부짖음을 보였고,

맑고 깨끗한 비길 데 없는 몸을 말세의 중생들에게 보였으니,

말씀이 진실하지 않음이 없다.

或見明淨眼 觀察照十方 或時見戲笑 衆生樂欲故

或見師子吼 清淨無比身 示現末後生 所說無非實 (화엄경)

(18) 여래는 모든 법이, 허깨비 같고 허공 같음을 깨쳐

마음이 깨끗하고 장애가 없어,

뭇 중생을 부드럽게 굴복시킨다.

혹은 두려움 없는 사자후로 모습이 아주 미묘함을 보여서,

모든 세계를 부드럽게 굴복시켰으니, 신통한 힘이 장애가

없다.

如來覺諸法 如幻如虛空 心淨無障礙 調伏群生類 (화엄경)

或見無畏吼 儀容甚微妙 調伏一切世 神力無障礙 (화엄경)

(19) 나고 죽는 바다를 영원히 떠나,

부처 법의 흐름을 물리치지 않고,

깨끗하고 시원한 슬기에 잘 머무는 것,

이것이 저 깨끗하고 묘한 업이다.

(행주좌와) 4행위 중에서 부처의 깊은 공덕을 고요히 보아,

밤낮으로 항상 끊임이 없는 것,

이것이 저 깨끗하고 묘한 업이다.

永離生死海 不退佛法流 善住淸凉慧 是彼淨妙業

身四威儀中 觀佛深功德 晝夜常不斷 是彼淨妙業 (화엄경)

(20) 몸의 진실한 모습을 보아 일체 모든 것을 그윽이 없애고,

나다, 나 아니다 라는 집착을 떨치는 것,

이것이 저 깨끗하고 묘한 업이다.

삼세가 한량없음을 알아 게으른 마음이 생기지 않고,

항상 부처 공덕을 찾는 것, 이것이 저 깨끗하고 묘한 업이다.

觀身如實相 一切皆寂滅 離我非我著 是彼淨妙業

知三世無量 不生懈怠心 常求佛功德 是彼淨妙業 (화엄경)

(21) 여래의 몸과 빛깔과 형상이 있는 곳은

일체 세간에서는 능히 볼 수가 없으니

억 나유타 겁(한없는 시간) 동안 생각한다 하더라도

묘한 빛의 신통한 위엄에 끝까지 이르지 못한다.

(부처의) 좋은 모습들이 여래가 아니니

모습이 없어 모습을 떨친, 그윽이 없어진 법이다.

일체 묘한 경계를 다 갖춰

그 응함을 따라 능히 다 나타내 보이는 것뿐이다.

如來身色形相處 一切世間莫能睹

億那由劫欲思量 妙色威神不可極

非以相好爲如來 無相離相寂滅法

一切具足妙境界 隨其所應悉能現 (화엄경)

(22) 몸은 온 곳이 없고, 가는 것 또한 이른 곳이 없다.

허망한 것은 진실이 아니지만, 갖가지 몸이 있음을 나타낸다.

일체 모든 세간은 모두 허망한 생각을 좇아 생겨났다.

이 모든 허망한 생각의 법은, 그 성질이 일찍이 있지 아니

했다.

身無所從來 去亦無所至 虛妄非眞實 現有種種身

一切諸世間 皆從妄想生 是諸妄想法 其性未曾有 (화엄경)

(23) 가장 뛰어나게 스스로 깨쳐서 세간을 뛰어넘으니

특별한 것에 의지함이 없어 능히 이기는 것도 없다.

큰 신선(대선)이 일체 있는 것을 교화시켜 건너게 하니

맑고 깨끗한 모든 공덕을 다 갖췄다.

그 마음은 물듦도 없고 있는 곳도 없으며

항상 생각 없음에 머물러 또한 의지함도 없다.

길하고 상스럽고 허물어지지 않는 곳에 영원히 머물러

위엄 있는 덕이 받들어지니 크게 이끄는 스승(대도사)이다.

最勝自覺超世間 無依殊特莫能勝

大仙化度一切有 具足淨妙諸功德

其心無染無處所 常住無想亦無依

永處吉祥無能毁 威德尊重大導師 (화엄경)

(24) 본디 깨끗하고 맑은 것에서 와서 뭇 어두움을 없애고

모든 물듦을 영원히 떨쳐 더러운 티끌이 없으며

그윽이 없어져 움직이지 않아 치우친 생각을 떨치니

이를 여래의 슬기(여래지)에 잘 들어간다고 한다.

잘 가는 이(선서)의 깊은 법의 바다에 들어가려면

몸과 마음의 허망한 생각을 멀리 떨치고,

모든 법의 진실한 성질을 다 이해해서

의혹하는 마음을 영원히 따르지 않아야 한다.

從本淨明滅衆冥 永離諸染無塵穢

寂然不動離邊想 是名善入如來智

欲入善逝深法海 遠離身心虛妄想

解了諸法眞實性 永不隨順疑惑心 (화엄경)

(25) 모든 법을 모두 분명히 분별할 때는

자기 성질은 없으나 거짓으로는 풀이한다.

모든 부처의 진실한 가르침을 순리대로 따르면

법은 하나의 모습도 아니고 또한 여럿도 아니다.

여러 많은 법 중에는 하나의 모습도 없고

하나의 법 중에는 또한 여러 모습도 없다.

만약 능히 이와 같이 모든 법을 다 안다면

이것이 모든 부처의 한량없는 덕을 아는 것이다.

諦了分別諸法時 無有自性假名說

隨順諸佛眞實敎 法非一相亦不多

衆多法中無一相 於一法中亦無多

若能如是了諸法 是知諸佛無量德 (화엄경)

(26) 큰 슬기는 한량이 없고, 묘한 법은 견줄 짝이 없으니

저 나고 죽는 큰 바다의 언덕을 능히 끝까지 건너간다.

모든 부처의 깊은 법을, 진실한 자기 성질에 따라 깨쳐서

항상 삼세의 법을 고요히 보아,

만족함에 머무는 생각을 낳지 않는다.

大智無有量 妙法無倫匹 究竟能度彼 生死大海岸

於諸佛深法 隨覺如自性 常觀三世法 不生止足想 (화엄경)

(27) 목숨은 끝이 없지만, 사납게 타오름을 영원히 떨치면

저것이 큰 공덕을 이루니 곧 방편의 힘이다.

항상 중생을 즐거이 보나 중생에 대한 생각이 없고,

몸에 대한 뜻을 나타내 보이나

(몸에 대한) 모든 생각을 영원히 떨친다.

壽命無終極 永已離熾然 彼成大功德 是則方便力

常樂觀衆生 而無衆生想 示現有身趣 永離諸趣想 (화엄경)

(28) 마음은 오히려 허공계와 같고, 또한 변화하는 법과 같다.

일체 의지하는 성질, 이 모습은 곧 모습이 아니다.

열반의 성질을 닦는 것은, 오히려 허공의 모습과 같다.

깊고 묘한 경지에 능히 이르니, 이것이 곧 방편의 힘이다.

心猶虛空界 亦如變化法 一切所依性 是相則非相

行於涅槃性 猶若虛空相 能到深妙境 是則方便力 (화엄경)

(29) 일체 과거와 미래와 현재의 법을

부처의 말씀대로 순리대로 따라서, 잘 생각하고 잘 살피면

삼세가 평등함을 깨쳐 그 진실한 모습과 같게 되는데,

이 모든 깊고 묘한 도가 비길 데 없는 방편의 힘이다.

一切過去世 未來現在法 隨順佛所說 善念諦觀察

覺三世平等 如其眞實相 是諸深妙道 無比方便力 (화엄경)

(30) 나고 죽는 흐름에 떠다니고,

사랑하고 욕심내는 바다에 깊이 빠져서,

어리석음과 의혹이 무거운 그물을 짜고,

어두움이 두려움을 크게 하지만
게으름을 떨치고 땅을 단단히 하면,
이것이 능히 모든 것을 끊어 없애고
용감히 뛰어넘어 세상의 영웅을 이루니,
이것이 곧 부처의 경지이다.

漂浪生死流 沈淪愛欲海 癡惑結重網 昏冥大怖畏
離慢堅固士 是能悉除斷 超勇成世雄 是則佛境界 (화엄경)

(31) 저 괴로운 중생을 보고도,
홀로 깨끗해서 구하고 보호함이 없으면
모든 악한 세계에 영원히 빠져서 삼독이 항상 불꽃같으며,
틈도 없고 구할 곳도 없이 밤낮으로 항상 타오를 것이니
맹세코 이 같은 괴로움에서 건지는 것,
이것이 곧 부처의 경지이다.

見彼苦衆生 孤惸無救護 永淪諸惡趣 三毒恒熾然
無間無救處 晝夜常火焚 誓度斯等苦 是則佛境界 (화엄경)

(32) 저 나고 죽는 감옥의 찌르는 독은 헤아리기 어렵고
긴긴 밤 늙고 병들고 죽으니,
삼고의 괴로움이 경쟁하듯 쳐들어온다.
스스로 깊고 묘한 법을 깨치게 하고,
방편의 슬기를 오로지 닦게 해서

맹세코 이 같은 괴로움을 건너게 하시니,

이것이 곧 부처의 경지이다.

見彼生死獄 楚毒難可量 長夜老病死 三苦競侵逼

自覺深妙法 專修方便慧 誓度斯等苦 是則佛境界 (화엄경)

(33) 부처의 깊고 깊은 법을 듣고, 믿는 마음에 의혹이 없으면

시방세계에 두루 가득하고, 모든 법의 세계에 두루 다닌다.

비어 그윽한 법을 살펴보아 그 마음에 두려움이 없으면

일체 몸을 함께 나타내니,

이것이 곧 인천人天의 스승(천인사)이다.

聞佛甚深法 信心無疑惑 周滿十方刹 普行諸法界

觀察空寂法 其心無恐怖 現同一切身 是則天人師 (화엄경)

(34) 한량없고 수없는 시간도 한 생각으로 자세히 살펴보면

온 것도 없고 간 것도 없으며, 현재 또한 머무르지 않는다.

모든 나고 죽는 법이, 다 진실한 모습임을 알 수 있다.

방편으로 언덕을 뛰어넘어, 열 가지 힘을 다 갖춘다.

無量無數劫 一念悉觀察 無來亦無去 現在亦不住

一切生滅法 悉知眞實相 超度方便岸 具足十種力 (화엄경)

(35) 비유하면 한량없는 세계가 허공을 의지해 머무나

시방에서 오지도 아니하고, 가는 곳 또한 이르는 곳이 없다.

세계가 이루어지고 무너지는 것 같으나,

본디 의지하는 곳이 없다.

부처 몸 또한 이와 같다. 허공계에 가득할 뿐이다.

譬如無量刹 依止虛空住 不從十方來 去亦無所至

世界若成敗 本來無所依 佛身亦如是 充滿虛空界 (화엄경)

21. 『(집일)금광명경소』

『금광명경金光明經』은 『법화경法華經』, 『인왕경仁王經』과 함께 호국 삼부경護國三部經의 하나이다. 5세기 초부터 한역漢譯되어 중국, 한국, 일본 등지에 유포되었다.

원효성사(元曉聖師, 617~686)는 『합부금광명경』(8권)을 풀이해 『금광명경소金光明經疏』 8권을 지었다. 이는 중국, 한국, 일본에 두루 유포되었다가 불행히도 12세기 이후 잊혀서 지금은 전하지 않는다.

한편 일본 원흥사元興寺의 원효(願曉, 835~871) 스님은 『금광명최승왕경현추金光明最勝王經玄樞』 10권을 지었는데, 여기에 원효의 글이 228회 12,000여 자가 인용되어 있다.

이 인용문을 김상현金相鉉 교수가 『합부금광명경』(8권)의 차례에 맞춰 재구성했다. 그리고는 『(집일)금광명경소(輯逸)金光明經疏』라고 이름했는데, 여기 번역은 이의 번역이다.

『현추』에서 일본의 원효願曉 스님은 이렇게 말한다.

금광명경 가르침의 몸체를 능히 풀이한 것은

당나라 삼장법사에 의하면 대략 5문이 있다.

5문 이름은 비록 삼장법사에 의했지만,

글 뜻은 모두 원효대사의 설을 취했다.

金光明經能詮教體 依唐三藏略以五門

五門之名雖依三藏 而文義者皆取曉說 (현추, 정리)

【3신】

(01) 석가여래는 이런 짧은 수명을 나타내 보여서

중생을 성숙시켰다.

저들 중생이 만약 여래가 열반에 들지 않음을 보면,

희유하다는 생각, 근심하는 생각이 생기지 않는다.

釋迦如來 顯示如是短少壽量成熟衆生

若見如來不入涅槃 不生希有想憂愁想 (금광명경)

(02) 사리가 있는 것은, 중생을 교화하기 위해,

일체 바른 깨침(정각)을, 방편으로 나타내 보이는 것이다.

이는 계정혜戒定慧로 닦아진 것이다.

깊고 깊어 최상의 복밭이다.

有於舍利爲化衆生 方便示現一切正覺 (금광명경)

是戒定慧之所熏修 甚難可得最上福田 (금광명경)

(03) 화합하고 서로 사랑하는 생각이, 여래의 진실한 몸체이니,
　　사리의 허망한 몸과, 함께 있는 것 이런 것은 없다.
　　마치 바라나(나무) 잎이, 능히 비바람을 가리지 못하듯,
　　부처님께 허망함을 일으키면, 끝내 생사를 없애지 못한다.

　　和合相愛念 如來眞實體 舍利虛妄身 俱有無是處
　　如波羅奈葉 不能遮風雨 於佛起虛妄 生死終不滅 (금광명경)

(04) 법신은 번뇌가 청정하기 때문에 응신을 나타내고,
　　업의 장애가 청정하기 때문에 화신을 나타내며,
　　앎의 장애가 청정하기 때문에 법신을 나타낸다.
　　허공에 의해 번개가 나오고, 번개에 의해 빛이 나오는 것과
　　같다.

　　煩惱淸淨故現應身 業障淸淨故現化身
　　智障淸淨故現法身 依空出電依電出光 (금광명경 정리)

(05) 중생의 마음을 따르고, 중생의 행동을 따르며,
　　중생의 세계를 따라서, 갖가지를 잘 분별해서,
　　처소와 시간과 행동과 설법에 상응해,
　　갖가지 몸을 나타내는 것이 화신化身이다.

　　隨衆生心隨衆生行 隨衆生界多種了別
　　處所時行說法相應 現種種身是名化身 (금광명경 정리)

(06) 생사열반이 한 맛임을 통달해,

　　　몸으로 중생의 두려움과 즐거움을 보며,

　　　가없는 부처 법으로 근본을 짓고,

　　　여래의 여여함과 상응하는 것이 응신이다.

　　　通達生死涅槃一昧 身見衆生怖畏歡喜

　　　爲無邊佛法而作本 如來相應如如應身 (금광명경 정리)

(07) 이 법신에는 모습(상)과 모습의 처소(상처),

　　　둘이 모두 없다. 있는 것도 아니고 없는 것도 아니며,

　　　하나도 아니고 둘도 아니며,

　　　숫자도 아니고 숫자가 아님도 아니며,

　　　밝음도 아니고 어두움도 아니다. 여여한 지혜이다.

　　　於此法身相及相處 二皆是無非有非無

　　　非一非二 非數非非數非明非闇如如智 (금광명경)

(08) 법신은, 자기 자체(自體)에 의함으로

　　　항상하다, 진실하다고 하며,

　　　대삼매(마하삼매)에 의함으로 안락하다고 하고,

　　　대지혜에 의함으로 청정하다고 한다.

　　　항상 자재하고 안락하고 청정함에 머문다.

　　　法身依自體說常實 依大三昧故說於樂

　　　依於大智故說淸淨 常住自在安樂淸淨 (금광명경)

(09) 이 법신에 의해 처음으로 마음을 피우면,

　　수행 중에 마음이 나타나는데, 물러서지 않는 마음,

　　일생보처(한 생애 동안 부처를 이음)의 마음,

　　금강의 마음, 여래의 마음 등이다.

　　依於法身得發初心 修行中心而得顯現

　　不退心一生補處心 金剛之心如來心等 (금광명경 정리)

(10) 가르침을 받은 대중, 모든 제자는 이 법신法身의 영상이다.

　　바람의 힘 때문에 〈응화〉 2몸과 응해서,

　　갖가지 모습을 나타내나, 법신 자리에는 다른 모습이 없다.

　　受化之衆諸弟子等是法身影 以願力故

　　應於二身現種種相 於法身地無有異相 (금광명경)

【여여】

(11) 이와 같이 여여함을 알아보면,

　　나지도 않고 늙지도 않으며 죽지도 않아 수명이 무한하다.

　　침상에 누움도 없고 음식이 없어도,

　　몸과 마음이 항상 선정에 있어 흩어져 움직임이 없다.

　　如是知見如如 不生不老不死壽命無限

　　無有寢臥無有食 身心常在定無有散動 (금광명경)

(12) 보리는 현재 마음이나, 미래 마음이나,

과거 마음으로 얻을 수 없다.

보리를 떠나면 보리심도 얻을 수 없으며,

보리는 말로 설명할 수 없다.

於菩提者 現在心未來心過去心不可得

離菩提者菩提心不可得 菩提不可言說 (금광명경 정리)

(13) 일체 법이 생김이 없기 때문에 보리를 얻을 수 없고,

보리라는 이름도 얻을 수 없다.

중생과 중생이라는 이름, 부처와 부처라는 이름,

수행과 수행이 아니라는 것도 얻을 수 없다.

一切法無生 菩提不可得菩提名不可得

衆生衆生名佛佛名 行非行亦不可得也 (금광명경 정리)

(14) 이런 모든 법은 평등해서 다름이 없다.

이 법계도 여여해서(한결같아서) 다르지 않다.

의혹하고 어리석은 사람도 다르지 않고,

지혜 있는 사람도 다르지 않으며,

보리와 보리 아닌 것도 다르지 않다.

如是諸法平等無異 於此法界如如不異

惑癡非異智慧非異 菩提及非菩提非異 (금광명경 정리)

(15) 법계는 있지도 않고 없지도 않다. 이것이 중생이

깊고 깊은 뜻을 능히 이해하고 능히 통달하는 것이다.

생사열반이 모두 헛된 견해(망견)로

능히 건너가 남김 없음이 바라밀의 뜻이다.

法界不有不無 是衆生能解能通甚深義 (금광명경)

生死涅槃皆是妄見 能度無餘波羅蜜義 (금광명경)

(16) 이 몸은 거짓이니, 마치 공空이 모여,

6입(감각기관)이라는 마을에서, 도둑을 결성해,

일체가 스스로 머물지만, 각자 서로를 알지 못하는 것과 같다.

마치 네 가지 뱀(지수화풍)이, 한 상자에서

서로 잔인하게 해치는 것과 같다.

是身虛僞猶如空聚 六入村落結賊所止 (금광명경)

一切自住各不相知 猶如四蛇一篋相殘 (금광명경)

(17) 오음(우리 몸)이 법계이고, 법계가 오음이다.

오음과 오음 아닌 것은 말할 수가 없다.

오음이 법계라면 곧 단견(끊어진다는 견해)이고,

오음을 떠난다면 곧 상견(항상하다는 견해)이다.

五陰法界法界五陰 五陰非五陰不可說

五陰法界則是斷見 若離五陰卽是常見 (금광명경)

(18) 오음은 있지 않아, 인연으로 생기지 않으나,

없는 것도 아니어서, 성인聖人의 경계를 지나가지 않는다.

성인과 법부의 경계가 같다. 속됨도 참됨도 버리지 않고,

법계에 의해 보리 행을 수행한다.

五陰非有不因緣生 非不有不過聖境界 (금광명경)

聖凡境同 不捨俗眞依於法界行菩提行 (금광명경)

(19) 모든 가리새를 심의식心意識이라 하는데,

마음에는 두 가지가 있다.

하나는 배어든 기운(습기)이 무성해서

일체 종자가 모였는데 이는 가운데 충실하다는 뜻(중실의)이고

둘은 생각에 인연하여 쉼이 없는데

이는 생각에 인연한다는 뜻(연려의)이다.

諸識名爲心意識者 心有二種一茂習氣

聚一切種子中實義 二緣慮無息緣慮義 (현추)

(20) 무명의 몸체 성질은, 본디 스스로 있지 않다.

망상 인연의 화합으로 생겼다.

결과가 인연에서 먼저이나, 있다 없다(유무)가 불가하다.

먼저 없다면 누구에서 인연했고, 먼저 있다면 어떤 작용인가?

無明體性本自不有 妄想因緣和合而生 (금광명경)

果先於緣有無不可 先無誰緣先有何用 (중관론)

【수지】

(21) 일체의 보시 중 법시法施가 수승하다.

　　　삼보 처소에 차려진 공양도,

　　　삼귀의와 일체 모든 계율을 받아 지님도

　　　삼보와 불공不空도 비교가 되지 않는다.

　　　一切施中法施爲勝 於三寶所所設供養

　　　受持三歸一切諸戒 三寶不空不可爲比 (금광명경)

(22) 산지대사는 (시기불에 앞서) 큰 바람을 세웠다.

　　　다음 세상에는 귀신 몸이 되어,

　　　중생에게 있는 모든 악귀를 교화하겠다.

　　　나는 마땅히 세 수레 법을 연설해서

　　　저들을 굴복시킨 뒤에 삼보리(바른 깨침)를 이루겠다.

　　　散脂大願來世鬼身 教化衆生有諸惡鬼

　　　我當演說三乘之法 調伏之後成三菩提 (대집경)

(23) 만약 어떤 선남자 선여인이

　　　금광명경을 듣고 믿어 이해하면,

　　　지옥 등 삼악도에 떨어지지 않고,

　　　항상 사람과 하늘(인천)에 태어나 아래로 열등하지 않게 된다.

　　　若有善男子善女人 金光明經聽聞信解

　　　不墮地獄等三惡道 常生人天不爲下劣 (금광명경)

(24) 지옥에 있어서, 큰 불이 활활 타올라도

　　금고 소리만 들어도, 곧 부처님을 찾아 예불한다.

　　이 묘한 경전을 유포하면,

　　인천人天의 대작불사로서, 무량 중생을 이익 되게 한다.

　　處在地獄大火熾然 若聞金鼓卽尋禮佛 (금광명경)

　　流布妙典 人天大作佛事利益無量衆生 (금광명경)

(25) 감로(진리, 깨침)의 문을 열고, 감로의 세계를 보여서,

　　감로의 방에 앉아서, 감로를 맛있게 먹도록 하신다.

　　큰 법의 나팔을 불고, 큰 법의 북을 두드리며,

　　큰 법의 등불을 밝혀, 뛰어난 법의 비를 내리신다.

　　開甘露門示甘露器 處甘露室食甘露味 (금광명경)

　　吹大法螺擊大法鼓 然大法燈而勝法雨 (금광명경)

(26) 참회가 모든 업장을 멸해 없앤다.

　　신업(몸의 업) 셋, 구업(입의 업) 넷,

　　의업(뜻의 업) 등 삼업의 행위를, 이제 다 참회한다.

　　열 가지 악업, 일체를 참회한다.

　　懺悔除滅一切業障 身業三種口業有四 (금광명경)

　　意三業行今悉懺悔 十種惡業一切懺悔 (금광명경)

(27) 여인이 몸을 바꾸어 남자 몸이 되려면,

마땅히 따라 기뻐하는 공덕을 닦아야 한다.

무릇 모든 여성은 질투심이 많아,

날 때마다 여성 몸을 떨치지 못하기 때문이다.

女人欲轉以爲男身 應當隨喜修功德者 (금광명경)

凡諸女性多有嫉妬 生生而不離女身故 (현추)

22.『(집일)승만경소』

『승만경勝鬘經』의 갖춘 이름은『승만사자후일승대방편방광경勝鬘師子吼一乘大方便方廣經』인데, 석가 스스로는『승만부인사자후경勝鬘夫人師子吼經』이라 했다.

승만부인은 사위국 공주로 아유사국 왕비가 된 여인인데, 똑똑해서 그가 이해한 15장章의 글을 석가가 인가한 것이다.

이 경을 원효가 풀이했는데, 원문은 전하지 않는다. 다만 일본의 응연(凝然, 1240~1321) 스님이 지은『승만경소상현기勝鬘經疏祥玄記』에 원효의 글을 중시하여 많이 인용했다.

이 인용문을 김상현金相鉉 교수가『승만경』에 배대해서『(집일)승만경소(輯逸)勝鬘經疏』를 지었다. 여기 번역은 이『집일輯逸』을 기본으로 했다.

【여래】

(01) 여래란 말은 여실한 결과를 타고
　　 세간을 교화하러 왔다는 것이다

여실한 결과는 이른바 살반야(일체지一切智)이다.

인왕경은 말한다. 살반야를 타고 삼계를 교화하러 왔다.

言如來者乘如實果來化世間 如實果者 (상현기)

謂薩婆若 仁王經言乘薩婆若來化三界 (인왕경)

(02) 구룡은 말한다. 일체를 아는 한 생각이 두루 봄을,

거리낌 없는 지혜(무애지)라 한다.

여래 정등각은, 불가사의한 빈 지혜로,

일체 번뇌세계를 끊는다.

丘龍云 一切所知一念遍觀名無礙智也 (상현기)

如來應等正覺不思議空智 斷一切煩惱 (승만경)

(03) 세존께서는 귀의함을 구하지 않음에 귀의하나,

중생 아라한은 공포 때문에 귀의한다.

없앰과 도(멸도)가 가득하지 않기 때문에 공포가 있고,

괴로움과 원인(고집)이 다하지 않기 때문에 공포가 있다.

世尊卽依不求依也 衆生羅漢有怖故依 (승만경)

滅道未滿故有所恐 苦集未盡故有所怖 (상현기)

(04) 아라한은 공포가 있어 반드시 귀의하는 곳(소의)을

구하기 때문에 귀의하는 것(능의)이고,

제불여래는 끝에 이르러 다시 귀의함을

구하지 않기 때문에 귀의하는 곳(소의)이 된다.

阿羅漢者有恐怖故 必求所依故是能依

諸佛如來至究竟故 更不求依故爲所依 (상현기)

(05) 두 수레(2승)와 보살이 3종의 생신인데,
의생신은 변역의 다른 이름이다.
아리야식이 변역생사 과보의 몸체인데,
이른바 뜻으로 생기는 몸(의생신)으로
빛깔이 아닌 4덩어리(수상행식)이다.

二乘菩薩三意生身 意生身者變易異名 (상현기)

梨耶爲變易果報體 謂意生身非色四蘊 (상현기)

【무명】

(06) 무명이 머무는 자리(무명주지)는 근본무명으로,
변해 바뀌는 생사(변역생사)이고, 네 가지 머묾을 두루 지니며,
마음의 임금과 씀씀이(왕수, 마음의 본체와 작용)의 차별이
없고,
나고 죽는 법 중의 최후로
다시 이것과 더불어 근본을 짓는 것이 없다.

無明住地根本無明 變易生死遍持四住

無別王數 生死法中最後更無與此作本 (상현기 정리)

(07) 무명은 나면서 얻음(생득)과 지어서 얻음(작득)을 별도로
　　　세운다. 무명이 머무는 자리는 그 힘이 가장 크다.
　　　아라한 벽지불의 슬기로는 끊어지지 않고,
　　　오직 부처여래의 깨친 슬기(보리지)로만 끊어진다.

　　　無明別立生得作得 無明住地其力最大 (상현기) (승만경)

　　　羅漢辟支智不能斷 如來菩提智之能斷 (승만경)

(08) 성문 연각이 성인의 진리(성제)를 처음 보면,
　　　하나의 지혜로 모든 머무는 자리(주지)를 끊는다.
　　　하나의 지혜로 넷을 끊어 공덕이 증명됨을 알고,
　　　또한 (고집멸도) 사법의 뜻도 잘 안다.

　　　聲聞緣覺初觀聖諦 以一智斷諸住地

　　　一智四斷知功德作證 亦善知四法義 (승만경)

(09) 두 수레(2승)가 닦는 모든 수행도,
　　　보살 큰 수레의 수행 바깥으로 나가지 않는다.
　　　보살 큰 수레의 수행 덕도,
　　　여래의 수행 덕 바깥으로 나가지 않는다.
　　　세 수레(삼승)의 수행 덕이 한 수레(일승)로 들어가지 않음이
　　　없다.

　　　二乘諸行不出菩薩大乘行外 菩薩行德

　　　不出如來行德之外 三乘行德莫不入一 (상현기 정리)

(10) 삶과 죽음(생사) 이 2법이 여래장이나,

세상의 말 풀이 때문에 삶과 죽음이 있다.

죽음은 뿌리가 무너지는 것이고,

삶은 새로이 뿌리가 일어나는 것이나,

여래장에 삶도 있고 죽음도 있는 것이 아니다.

死生二法是如來藏 世間言說故有死生

死者根壞生新根起 非如來藏有生有死 (승만경)

(11) 모든 움직임이 무상하다(제행무상)고 보는 것이

단절한다는 견해(단견)인데 바른 견해가 아니며,

열반은 항상하다(열반상)고 보는 것이

항상하다는 견해(상견)인데 바른 견해가 아니다.

헛된 생각으로 보기 때문에 이런 견해를 짓는다.

見諸行無常者是斷見非正見 見涅槃常

者是常見非正見 妄想見故作如是見也 (승만경)

(12) 자기 성질의 맑고 깨끗한 마음도 끝까지 알기 어렵고,

마음이 번뇌에 의해 물든 것 또한 끝까지 알기 어렵다.

일체 괴로움 없앰은 오직 부처만이 증명을 얻으니,

일체 번뇌세계를 깨고, 일체 괴로움 없애는 도를 닦는다.

自性淸淨心難了知 心煩惱所染亦難了 (승만경)

一切苦滅唯佛得證 壞一切煩修滅苦道 (승만경)

23. 산일문

산일문散逸文은 흩어져 있는 글을 모았다는 뜻이다. 곧 다른 사람이 쓴 글에 원효의 글이 인용되었는데, 이 글을 모았다는 뜻이다.

그중의 하나가 "現傳諸書 중의 元曉聖師撰述文鈔存"인데, 여기서는 이를 바탕으로 하고, 기타 글을 추가했다.

초존鈔存 중 원효성사 글이 현존하는 것은 제외했고, 『십문화쟁론』·『판비량론』·『(집일)금광명경소』·『(집일)승만경소』부분은 별도로 번역했으며, 나머지도 필요한 것만 번역하되 같거나 비슷한 내용은 적절한 곳에서 번역했다. 확실하지 않은 것은 물음표(?)를 했다.

여기 실린 글은 이 글의 일부이다.

초존: 現傳諸書 중의 元曉聖師撰述文鈔存(이하 초존)

　　　김영태 감수, 이기운 집주.

　　　「원효학연구」제2집(216~256쪽), 1997. 12. 27 발행.

【내용】

(01) 천하에 있는 것이, 약이 아닌 것이 없다.

　　보살 또한 이러해서

　　일체 법이 보리(깨침) 아닌 것이 없다.

　　따라서 일체 모든 법이 모두 수레의 몸체임을 안다.

　　天下所有莫非是藥 菩薩亦爾說一切法

　　莫非菩提 以是故知一切諸法皆是乘體 (화엄경문의요결문답)

(02) 1승만교는 화엄경 등인데, 2승과 함께하지 않고

　　보법(보편적 법)을 끝까지 밝힌다.

　　1승분교는 영락경 등인데, 2승과 함께하지 않으나

　　보법을 드러내지 못한다.

　　3승통교는 반야교 등인데, 3승이 공통으로 배우며

　　법공을 통틀어 설명한다.

　　3승별교는 4제교 등인데, 3승이 공통으로 배우나

　　법공을 밝히지 못한다.

　　一乘滿敎華嚴經等 不共二乘窮明普法

　　一乘分敎瓔珞經等 不共二乘未顯普法

　　三乘通敎般若敎等 三乘共學通說法空

　　三乘別敎四諦敎等 三乘共學未明法空 (화엄경문의요결문답)

24. 원효 전기

원효대사는 신라 26대 진평왕 39년(617)에 태어나, 31대 신문왕 6년(686) 음력 3월 30일 70세로 열반했다.

원효대사의 행적은 자세히 남아 있지 않다. 일부 내용이 한국, 중국, 일본의 글 중에 나올 뿐이다. 따라서 그의 행적은 대체로 추정이다.

【내용】

(01) 원효대사는 설 씨다. 동해(신라) 상주 사람이다.
　　더벅머리 총각 시절 은혜롭게 부처 법에 들어갔다.
　　대사는 성품을 따라 곳곳을 유람해 항상함이 없었다.
　　스승 없이 공부하여 자재로워
　　정신과 뜻이 신의 〈경지에〉 들어갔다.
　　釋曉薛氏東海湘州 丱髮之年惠然入法
　　隨師稟業遊處無恆 無師自在精義入神 (송고승전, 원효전)

(02) 뜻이란 성곽을 용감히 공격하며,

　　글이란 진지를 영웅처럼 휘저었으며,

　　씩씩하고 굳세어서 앞으로 나아가서 물러섬이 없었다.

　　계정혜 삼학에 모두 넓게 통했으니,

　　저 나라 사람들은 만 사람을 대적한다고 했다.

　　勇擊義圍雄橫文陣 仡仡桓桓進無前却

　　戒定慧三學之淹通 彼土謂爲萬人之敵 (송고승전, 원효전)

(03) 인왕경 대회에 항상 받아들이지 않았다.

　　금강삼매경을 강의한 후 말했다.

　　백 개 서까래를 모을 때는 참여하지 못했지만,

　　대들보 하나를 놓는 것은 오직 저만 참여합니다.

　　仁王大會恒時不納 講釋金剛三昧經曰

　　採百椽時雖不預會 橫一棟處唯我獨能 (송고승전, 원효전 정리)

(04) 원효와 의상이 당으로 가다가 밤중에 비를 만났다.

　　마침 길옆에 방이 있어 비를 피해 편히 잤다.

　　날이 밝자 무덤방이었다. 그러나 비 때문에 하루 더 묵었다.

　　밤중이 되지 않았는데 문득 귀신들이 괴이한 짓을 했다.

　　曉湘求唐夜深遭雨 道旁土龕避飄隱身

　　黎明古墳苦雨寄埏 夜未央俄鬼物爲怪 (송고승전, 의상전)

276

(05) 마음이 생기기 때문에 갖가지 법이 생기고

　　마음이 없어지기 때문에 토굴과 무덤이 둘이 아니구나!

　　3세계는 오직 마음뿐이요, 만법은 오직 가리새뿐이로다!

　　마음 바깥에 법이 없는데 무엇을 별도로 구하겠는가?

　　則心生故種種法生 心滅故龕墳不二也

　　三界唯心萬法唯識 心外無法胡用別心 (송고승전, 의상전)

(06) 나지 말지어다, 죽는 것이 괴로우니.

　　죽지 말지어다, 나는 것이 괴로우니.

　　원효가 주검 앞에서 축원하자 사복이 핀잔했다.

　　"말이 번거롭다."

　　원효가 고쳐지었다. "나고 죽는 것이 괴롭다."

　　莫生兮也其死也苦 莫死兮也其生也苦

　　曉臨尸曰福曰詞煩 曉更之曰死生苦兮 (삼국유사, 사복불언)

(07) 논을 짓고 경을 풀이하여 큰 법을 드러냈으니

　　업적이 마명보살 용수보살, 그들의 무리로구나.

　　오늘날 학문이 게을러

　　〈원효를〉 도무지 알아보지 못하는 것이,

　　마치 우리 집 동쪽에 공구라는 이가 살지요 하는 것 같구나.

　　著論宗經闡大猷 馬龍功業是其徒 (대각국사문집 20권)

　　如今惰學都無識 還似東家有孔丘 (독해동교적)

(08) 뜻을 말하는 것이지 글이 아니어서, 부처 마음에 부합되니
　　금강삼매경론의 깨침과 가르침은 홀로 뛰어났구나.
　　자꾸만 태어나는 외롭고 이슬 같은 삶,
　　어둡기가 밤과 같은데 오늘 다행히 만나보니,
　　작은 겨자씨가 가는 바늘을 만난 것 같구나.
　　義語非文契佛心 芬皇科教獨堪尋 (대각국사문집 20권)
　　多生孤露冥如夜 此日遭逢芥遇針 (의해동소강금강경)

(09) 머리를 깎아 맨머리가 되면 원효대사요,
　　머리를 길러 두건을 쓰면 소성거사라.
　　비록 몸을 천백으로 나타내지만
　　마치 손바닥을 가리키는 것과 같구나.
　　두 가지 아주 다른 모습을 짓는 것도
　　단지 한바탕 놀음이로구나.
　　剃而髠則元曉大師 髮耳巾則小性居士
　　雖現身千百如指掌 兩段作形但一場戲 (동국이상국집, 소성거사찬)

(10) 〈신라〉 원효법사는 나는 용(비룡)의 술법으로
　　우리나라에 비를 뿌렸기 때문에 구룡이라 하며,
　　〈대주〉 법장화상은 코끼리를 타는(가상) 덕으로
　　당나라에 깃발을 나부꼈기 때문에 향상이라 한다.
　　元曉法師飛龍之化 漬于靑丘故字丘龍

法藏和上駕象之德 振于唐幡故字香象 (견등, 동이약집)

(11) 참서 비기〔음양〕외서 등을 보는 것이

세상에서 배척되었으나〔오히려〕십문론 중으로 나아갔다.

여래가 세상에 계실 때는 둥근 소리(원음)로 중생들을 구제
했다.

〔여래가 돌아가신 뒤는 여러 주장이〕비처럼 쏟아지고

헛되고 헛된 이론들이 구름처럼 피어났다.

혹은 나는 옳고 너는 틀린다고 하며, 혹은 나는 그러하나

너는 그러하지 않다고 해 드디어 큰 강을 이루었다.

讖記口口外書等見 斥於世就中十門論

如來在世圓音衆生 雨驟空空之論雲奔

或我是他不是或我然他不然 遂成河漢 (고선사 서당화상비)

(12) 현장법사가〈인도에서〉극성량을 배웠으나 미진했다.

사람들이 말했다.

누가 잘못을 설명하면 나는 신하가 되겠다.

원효가 결정이 서로 어긋나는 잘못(결정상위론)을 지적했다.

이때 사람들은 모두 해동을 향해 삼배를 올리며 찬탄했다.

玄奘學極成量未盡 師曰誰量過我爲臣

曉摘決定相違過 時師向海東三禮讚嘆 (인명대소초)

강승환

1950년 경북 상주에서 태어났다. 서울대학교 지리학과를 졸업하고 건설회사에서 근무하다 부동산 중개업을 하였다. 이때의 경험을 바탕으로 소설 『땅따먹기』를 펴내기도 하였다.

이후 원효의 저서와 대승기신론 관련 경전 번역에 매진하는 등 우리 문화 연구에 전념하고 있으며, 『이야기 원효사상』, 『우리도 잊어버린 우리 문화 이야기』, 『불교에서 본 우주』, 『죽음이란 무엇인가』 등을 펴내기도 했다.

인터넷 블로그 「http://blog.naver.com/kp8046, 대승기신론 우리말 번역」에서 연구 성과들을 확인할 수 있다.

한 권으로 만나는 원효전서

초판 1쇄 인쇄 2022년 3월 21일 | **초판 1쇄 발행** 2022년 3월 28일
지은이 강승환 | **펴낸이** 김시열
펴낸곳 도서출판 운주사

　　　(02832) 서울시 성북구 동소문로 67-1 성심빌딩 3층

　　　전화 (02) 926-8361 | 팩스 0505-115-8361

ISBN 978-89-5746-673-5　03220　　값 15,000원

http://cafe.daum.net/unjubooks 〈다음카페: 도서출판 운주사〉